中华精神家园

古建之魂

皇家寺院

御赐美名的著名古刹

肖东发 主编　李　勇 编著

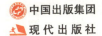

中国出版集团

现代出版社

图书在版编目（CIP）数据

皇家寺院 / 李勇编著. — 北京：现代出版社，
2014.7（2020.01重印）
ISBN 978-7-5143-2302-3

Ⅰ. ①皇… Ⅱ. ①李… Ⅲ. ①佛教－寺庙－介绍－中
国 Ⅳ. ①K928.75

中国版本图书馆CIP数据核字（2014）第163788号

皇家寺院：御赐美名的著名古刹

总 策 划：陈　恕
主　　编：肖东发
作　　者：李　勇
责任编辑：王敬一
出版发行：现代出版社
通信地址：北京市定安门外安华里504号
邮政编码：100011
电　　话：010-64267325 64245264（传真）
网　　址：www.1980xd.com
电子邮箱：xiandai@cnpitc.com.cn
印　　刷：山东省东营市新华印刷厂
开　　本：710mm×1000mm 1/16
印　　张：11
版　　次：2015年4月第1版　2020年1月第3次印刷
书　　号：ISBN 978-7-5143-2302-3
定　　价：40.00元

党的十八大报告指出："文化是民族的血脉，是人民的精神家园。全面建成小康社会，实现中华民族伟大复兴，必须推动社会主义文化大发展大繁荣，兴起社会主义文化建设新高潮，提高国家文化软实力，发挥文化引领风尚、教育人民、服务社会、推动发展的作用。"

我国经过改革开放的历程，推进了民族振兴、国家富强、人民幸福的中国梦，推进了伟大复兴的历史进程。文化是立国之根，实现中国梦也是我国文化实现伟大复兴的过程，并最终体现为文化的发展繁荣。习近平指出，博大精深的中国优秀传统文化是我们在世界文化激荡中站稳脚跟的根基。中华文化源远流长，积淀着中华民族最深层的精神追求，代表着中华民族独特的精神标识，为中华民族生生不息、发展壮大提供了丰厚滋养。我们要认识中华文化的独特创造、价值理念、鲜明特色，增强文化自信和价值自信。

如今，我们正处在改革开放攻坚和经济发展的转型时期，面对世界各国形形色色的文化现象，面对各种眼花缭乱的现代传媒，我们要坚持文化自信，古为今用、洋为中用、推陈出新，有鉴别地加以对待，有扬弃地予以继承，传承和升华中华优秀传统文化，发展中国特色社会主义文化，增强国家文化软实力。

浩浩历史长河，熊熊文明薪火，中华文化源远流长，滚滚黄河、滔滔长江，是最直接的源头，这两大文化浪涛经过千百年冲刷洗礼和不断交流、融合以及沉淀，最终形成了求同存异、兼收并蓄的辉煌灿烂的中华文明，也是世界上唯一绵延不绝而从没中断的古老文化，并始终充满了生机与活力。

中华文化曾是东方文化摇篮，也是推动世界文明不断前行的动力之一。早在500年前，中华文化的四大发明催生了欧洲文艺复兴运动和地理大发现。中国四大发明先后传到西方，对于促进西方工业社会的形成和发展，曾起到了重要作用。

中华文化的力量，已经深深熔铸到我们的生命力、创造力和凝聚力中，是我们民族的基因。中华民族的精神，也已深深植根于绵延数千年的优秀文化传统之中，是我们的精神家园。

总之，中华文化博大精深，是中国各族人民五千年来创造、传承下来的物质文明和精神文明的总和，其内容包罗万象，浩若星汉，具有很强的文化纵深，蕴含丰富宝藏。我们要实现中华文化伟大复兴，首先要站在传统文化前沿，薪火相传，一脉相承，弘扬和发展五千年来优秀的、光明的、先进的、科学的、文明的和自豪的文化现象，融合古今中外一切文化精华，构建具有中国特色的现代民族文化，向世界和未来展示中华民族的文化力量、文化价值、文化形态与文化风采。

为此，在有关专家指导下，我们收集整理了大量古今资料和最新研究成果，特别编撰了本套大型书系。主要包括独具特色的语言文字、浩如烟海的文化典籍、名扬世界的科技工艺、异彩纷呈的文学艺术、充满智慧的中国哲学、完备而深刻的伦理道德、古风古韵的建筑遗存、深具内涵的自然名胜、悠久传承的历史文明，还有各具特色又相互交融的地域文化和民族文化等，充分显示了中华民族的厚重文化底蕴和强大民族凝聚力，具有极强的系统性、广博性和规模性。

本套书系的特点是全景展现，纵横捭阖，内容采取讲故事的方式进行叙述，语言通俗，明白晓畅，图文并茂，形象直观，古风古韵，格调高雅，具有很强的可读性、欣赏性、知识性和延伸性，能够让广大读者全面接触和感受中国文化的丰富内涵，增强中华儿女民族自尊心和文化自豪感，并能很好继承和弘扬中国文化，创造未来中国特色的先进民族文化。

青云贵

2014年4月18日

塔庙始祖——法门寺

京城第一刹——法源寺

千古名刹——大相国寺

峨眉第一寺——报国寺

京西小故宫——北京万寿寺

法门寺

法门寺位于陕西省宝鸡市扶风县城北10千米处的法门镇，始建于东汉末年恒灵年间，距今约有1700多年的历史，有"关中塔庙始祖"之称。

法门寺因舍利而置塔，因塔而建寺，原名阿育王寺。释迦牟尼佛圆寂后，遗体火化结成舍利。公元前3世纪，阿育王统一印度后，为弘扬佛法，将佛的舍利分送世界各国建塔供奉。法门寺建后，历经魏隋等朝代，至唐朝时，进入它的全盛时期。

北魏时因舍利而置塔建寺

　　传说在商朝末期，商纣王贪图美色，整天过着花天酒地的奢侈生活，老百姓处在水深火热之中。

　　在后来的陕西省扶风县法门镇美阳村有个叫法阿门的穷苦书生，自小父母双亡。他眼看豪强横行、盗贼四起、民不聊生，感到极度痛苦。

　　恰在此时，印度孔雀王国的释迦牟尼创建了佛教，教化民众行善

■法门寺牌匾

积德普度众生，功德无量，拥有很多信众。没过多久，佛法无边的佛教就传到了周朝京都地区。

■ 法门寺全景

法阿门开始信仰佛教，他一边四处演讲游说，向朝廷上书，建议天子继承和发扬先祖文王和武王的传统，关心天下疾苦，整顿官吏和世风民俗，大力发展农耕。他同时也在家乡法门镇美阳村建立教坛，著书立说，传播佛教。

人们受法阿门传播的佛道所感化，互相尊重，团结和睦，耕稼习武，惩恶罚盗，讲求道德礼貌，从而过上了丰衣足食的幸福生活。

就在这时，当朝的周天子认为自己是主宰天下的真龙天子，法阿门所宣扬的是"异端邪说"，于是下旨缉拿法阿门问罪。

周天子斥问法阿门："大胆狂徒，施教邪说，蛊惑民心，妄夺皇室，罪该万死！"

周朝 分"西周"与"东周"。西周由周武王姬发创建，定都镐京和丰京，成王时期营建洛邑；西周末年，周平王姬宜臼从镐京东迁洛邑后，史称东周。其中东周时期又称"春秋战国"。

天子 是封建社会最高统治者的称呼。他们为了巩固自己的地位和政权，自称其权力出于神授，是秉承天意治理天下，故称为天子，或称为"真龙天子"。

法阿门自恃有神灵保佑，临阵不惧，拱手诵道："天皇皇，地皇皇，佛法无边喜降祥，行善去恶人心畅，国泰民安天下扬。"

周天子一听怒道："我砍掉你的双腿，你既然佛法无边，看你怎能活动！"

周天子一声令下，法阿门的双腿就被砍掉了，血水涂地。法阿门挥手怒斥，他又被砍去了双手；他疾呼分辩，又被割掉了舌头；他怒目眈眈，又被剜去了双目；他摇头抗争，又被削去了双耳；他挺直身躯以示不屈，最后就被斩杀了。

■ 释迦牟尼 原名乔达摩·悉达多，生于尼泊尔南部，佛教的创始人。成佛后的释迦牟尼，尊称为佛陀，意思是大彻大悟的人。民间信仰佛教的人也常称呼他为佛祖、如来佛祖。

此事传到了印度释迦牟尼的耳朵里，恰巧他正患重病，被法阿门护教传道的行为感动了，他便对国王阿育王说："我入化后，汝将吾体断成四万八千块，一块送往东土周朝法阿门的故居，其余的都分送到世界各地。"

后来释迦牟尼圆寂后，阿育王遵照他的遗嘱，先将"真佛"遗体净身，祭拜了七七四十九天，然后按照印度习俗将其真身火化。传说火化时，真身果然爆裂出了红紫黑3种形如骨指、灵盖骨和骨片等四万八千块圆形圣物。

阿育王（前304—前232年），又称无忧王，是印度孔雀王朝的宾头沙罗王之子，他是印度历史上最伟大的一位君王。阿育王不但是一位虔诚的佛教徒，后来还成为了佛教的护法。

于是，阿育王派遣各路神鬼在一夜之间，把四万八千块圣物分送到了世界各地。其中一节佛指舍利被送到了法阿门的故居。

据说佛指舍利送到之夜，灵光闪耀，祥云升腾，在法阿门曾经诵经的地方顷刻耸立起一座几十米高的雄伟宝塔，而且寺庙楼舍厅廊耸然林立，金光闪闪，笙鼓喧天。

塔顶闪现出红黄蓝白紫五色彩光，香烟袅袅，祥云冉冉。塔底洞穴金光耀眼，水银池上泛有一艘金船，船上金莲花丛中置有宝匣，匣内珍藏着一枚佛指舍利。

说来奇怪，在周朝都城岐邑一夜之间也突然冒出了许多佛塔，周天子与那里的百姓当时并不信佛，于是就下令将其铲去。可是第二天塔又冒了出来。周天子再次下令将塔铲去。然而塔再次冒了出来。如此这般，塔被铲了一茬又一茬，但是，塔仍然巍然屹立。

在法阿门家乡出现的佛塔，因为塔内珍藏着一枚佛指舍利，便被视作释迦牟尼的"真身"之地，因此被称为"真身阿育王寺"，寺院宝塔也被称为"大圣

真身 就是指本来面目。在神话或佛教中，真身是一切变化的基础，但并不意味着完美。事实上真身是在修炼中的某个时间点触发并固定下来，可以说成道之身即为真身，如铁拐李的残缺之躯，猪八戒的猪形都是真身。

■ 法门寺新殿

皇家寺院

御赐美名的著名古刹

■ 宝鸡法门寺内的
舍利塔

西域 狭义上是
指玉门关、阳关
以西和葱岭（即
今帕米尔高原）
以东，巴尔喀什
湖东、南及新疆
广大地区。而广
义的西域则是指
凡是通过狭义西
域所能到达的地
区，包括亚洲
中、西部，印度
半岛地区等。

霍去病（前140—
前117年），我国
西汉武帝时期的
杰出军事家，曾
任大司马骠骑将
军。他好骑射，
善于长途奔袭，
带领士兵多次杀
得匈奴节节败退。

真身宝塔"。

人们得知是真佛显圣，就顶礼膜拜，因而这里日夜香火不断，就连周天子闻讯后也派人重修庙宇，塑造佛像。为了纪念法阿门为佛教事业而英勇捐躯的精神，人们因此将阿育王寺尊为皇家礼佛之地，并将阿育王寺改名为"法门寺"。

但实际上据专家考证，法门寺始建于499年前后，法门寺真身宝塔就是因塔下藏有佛祖真身舍利而得名，原名"阿育王寺"或"无忧王寺"。

法门寺因藏贮佛骨而修塔，因修塔而建寺，所以起名塔寺。佛骨是佛教始祖释迦牟尼骨头，也称佛舍利。佛舍利在我国的奉藏，大概是在佛教传入我国之时，也就是在汉武帝打通西域以后。

那时候的大月氏和安息，即现在的阿姆河流域和亚洲西部伊朗高原东北部，已盛行佛教。史载霍去病还从匈奴那里带回长丈余"金人"，即铜佛像，置于甘泉宫；西汉哀帝元寿元年（前2），博士秦景宪受大月氏王使伊存口授《浮屠经》，这是佛经传入我国的开始。

在公元58年，汉明帝刘庄曾派了12人去天竺（即今印度）求经。这一次，他们不但带回了佛经5部42章，还有印度的高僧沙门摄摩腾和竺法兰与他们一道回来。他们经丝绸之路到了洛阳，住在当时的官署鸿胪寺。那时，白马寺已建成，我国信仰佛教的人也逐渐增多。

关于贮藏我国佛骨的时间，1653年的《重修法门寺钟楼记》碑文中有"从闻法门寺建自西典东来，藏牟尼舍利于浮屠"的话语，可见佛教与佛骨是同时传来我国的，佛经进入了白马寺，佛骨则存贮在阿育王寺塔中。

据说，在陕西省西部岐山西2.5千米处有一佛指沟，佛指沟恰好位于丝绸之路的关中道上。从印度传来的佛骨曾在此暂存，直到阿育王塔寺修好后才将佛骨迎入寺内塔下安置。

公元67年，佛教传入我国后，我国也开始建筑佛塔贮佛骨佛牙，法门寺舍利塔大致就是这时候建造的。现存法门寺有两面汉代铜镜，原藏法门寺塔中，还有地宫中挖掘出的汉代铜币，这些或可作为法门寺建于东汉时期的佐证。

关于法门塔寺建筑舍利塔事，据唐代相关著名地理文献记载，法门寺塔是

007

香火 指供奉神佛或祖先时燃点的香和灯火：来朝拜的很多，香火很盛。古时候香火也指后辈烧香燃火祭祖，故断了香火就指无子嗣。古时有一说，不孝有三，无后为大，即没有后代传承香火是最大的不孝。

塔庙始祖

法门寺

■ 汉明帝（28年—75年），本名刘庄，性格刚毅严酷。汉明帝提倡儒学，注重刑名文法，为政苛察，总揽权柄，权不借下。他致力消除北匈奴的威胁，开拓与西域的交往。明帝之世，吏治比较清明，境内安定。

孝文帝 （467年—499年），本名拓跋宏，是我国杰出的政治家和改革家。他主政后，从平城迁都洛阳；后又改鲜卑姓氏为汉姓，鼓励鲜卑和汉族通婚，评定士族门第，加强鲜卑贵族和汉人士族的联合统治，并参照南朝典章制度制定官制朝仪。

我国当时的第五个舍利塔。专门为供奉佛骨或葬贮僧尼尸骨之用，也作为收存佛经或置佛像之处。相传法门寺塔为阿育王所修，以贮佛骨，所以称为"阿育王舍利塔"。

法门寺的真身宝塔分木塔和砖塔两种。法门寺塔的木塔自西汉修建以来，在十六国和南北朝混战时期，遭到战火焚毁，加上北魏太武帝拓跋焘采纳崔浩奏言，禁佛教、毁佛经、佛像和塔寺，阿育王寺舍利塔遭到"断佛道经像毁场"的劫难，以致塔寺成为废墟，信徒们还不断来这里烧香敬佛，称为"圣冢"。

到了北魏时期，孝文帝改拓跋为元姓，名为元宏，史称元魏，再次信仰佛教。472年，时任岐州牧的拓跋育修复了阿育王寺和舍利塔，并于494年首次开塔瞻礼舍利。法门寺始建后，不断地发展。

558年，北魏皇室后裔拓跋育进行大规模扩建，开创了供奉法门寺佛骨的先河。但在不久爆发的北

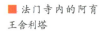
■ 法门寺内的阿育王舍利塔

周武帝灭佛运动中，法门寺遭到了重创。

583年，"阿育王寺"改名"成实道场"，舍利塔则叫"成实道场舍利塔"。602年，隋朝两次开塔瞻礼，法门寺因隋文帝的崇佛而东山再起。

618年，"成实道场"被当时名义上还是隋朝大丞相的李渊改为"法门寺"，舍利塔的名则叫"法门寺舍利塔"。可就在这一年，法门寺因遭受火焚，塔基残露。

■ 李渊（566年—635年），我国杰出的政治家和军事家。出身于北朝关陇贵族，7岁袭封唐国公。隋末天下大乱时，他乘势起兵攻占长安。后来，他统一了全国，建立了大唐王朝。

阅读链接

古时，有一个叫师旷的穷苦书生特别酷爱音乐，他甚至能用一片树叶吹出十几种鸟鸣声。

有一天晚上，他睡得正香，一个红衣少女来到了他身旁，并递给他一块红色绸缎："天官乐谱全记在上面，你要潜心研究……"说罢，红衣少女变成了一块红褐色的七孔石碑。

第二天，师旷果然见到了七孔石碑。当他用手触摸到碑的小孔处时，竟然有"哆来咪发唆啦唏"的美妙声音从小孔处溢出。他大为惊讶，用这7个音节谱了一首又一首美妙曲子。

后来，七音碑在战乱中被遗弃荒野，在法门寺建成后，有和尚找到此碑，并将它移到了法门寺，只可惜这块七音碑最终被人砸坏抛到一个石灰窑彻底湮没了。

在唐朝进入全盛时期

到了唐代，法门寺迎来了它最为辉煌的时期。唐朝建立后，法门寺的住持需由皇帝亲自任命。法门寺成为大唐帝国崇拜、供养佛舍利的中心和皇家内道场，在国家宗教生活中占据至高无上的地位。

619年，唐朝秦王李世民安排80名和尚入住法门寺，并任命宝昌寺僧人惠业和尚为法门寺的第一任住持。625年，唐高祖李渊下令扩

法门寺寺庙建筑

建了"法门寺"。

到了贞观年间，唐太宗李世民曾三次开塔就地瞻礼舍利。原塔俗名"圣冢"，后在法门寺原来的塔基残露处把阿育王塔改建成了四级木塔，名曰望云殿，殿楼四层，出手可及云彩。

在贞观年间，唐朝花费大量人力财力对法门寺进行扩建和重修，寺内殿堂楼阁越来越多，真身宝塔越来越宏伟，区域也越来越广。

660年，唐高宗李治迎佛骨于东都洛阳，供养三年后，于龙朔二年，也就是662年，送归法门寺地宫，并诏令和尚惠恭和意方等重修法门寺塔。

到了684年，法门寺内僧尼已发展到5000多人。唐王朝也终于完成了瑰琳宫"二十四院"的建设，成为我国古代规模最大、等级最高和僧人最多的皇家寺院，并辅以严格的僧伽制度：

　　法门寺住持僧由皇帝任命；法门寺僧团由高层次僧人组成，僧伽不拘宗派，各宗并弘。

在此基础上，唐王朝形成了一套十分完备的皇帝迎送佛指舍利的仪轨、弘法和法事。使法门寺成为"九经十二部"总传的道场，大唐佛教文化的中

■ 唐高宗（628年—683年），本名李治。李治即位之初朝政被顾命大臣长孙无忌及褚遂良等掌握。后来在唐高宗彻查一宗谋反案后，他的皇位得到了巩固。

僧伽制度　佛教大兴后，信徒倍增，犯过失的也随之增多，随之系统而完备的律制应运而生。僧伽制度就是出家僧尼共同遵守的禁戒制度和规定以及传统习惯。

毗卢遮那佛 汉译大日如来，是佛教密宗至高无上的本尊，是密宗最高阶层的佛，为佛教密宗所尊奉的最高神明。密宗所有佛和菩萨皆自大日如来所出。

《华严经》 全名《大方广佛华严经》，是大乘佛教修学最重要的经典之一。据称是释迦牟尼佛成道后，在禅定中为文殊和普贤等上乘菩萨解释无尽法界时所宣讲的要典。

■ 法门寺内景

心。唐代法门寺的"二十四院"有：释迦院以诵习佛教经典为业，宣示佛祖事业、教化及教旨，为众院之首。

弥陀院供奉阿弥陀佛，主诵净土"三部一论"。塔会院即真身院，专门护持供养真身舍利宝塔。毗卢院供奉毗卢遮那佛，诵习《华严经》。

罗汉院专门供养小乘修行者所成就的最高果位。祝寿院即诞生院，专为皇室祈福、请寿而设。上生院供养无量寿佛。

天王院供养四大天王。三圣院供养阿弥陀佛、观世音菩萨、大势至菩萨，主弘净土三经和《华严经》以及《法华经》。十王院即普贤院，十王为普贤十大愿王。五会院专修净土五会念佛法门。圆通院即观音院，专门供养观音菩萨。

净光院是主修斋天和敬天教法的道场。净土院

专修净土念佛法门。北禅院、南禅院和西禅院都专修禅法和悟般若。

维摩院主讲《维摩诘经》，弘扬"不二"大乘教旨。妙严院诵持楞严咒，讲诵《金光明经》。地藏院供养地藏菩萨，为众生消灾，为亡灵祈福。戒坛院为寺众受戒，弘扬各种戒律。

吉祥院即文殊院，供养文殊菩萨，弘扬文殊信仰。新兴院即弟子院，是那时的佛学教育机构。

另外，有学者认为，唐时的法门寺还应包括寺院服务管理的浴室院和库院以及修造院与供方僧住的招提院以及供养道教神祇的城隍庙院。

在法门寺寺内，大、小乘教并弘，显、密宗圆融，成为唐代丛林梵刹之典范。如同唐代社会对各种文化所体现出的包容精神一样，唐代法门寺的佛教亦表现出各宗各派、共存共荣的兼容态度。

唐朝200多年间，先后有高宗、武后、中宗、肃宗、德宗、宪宗、懿宗和僖宗八位皇帝六迎二送供养佛指舍利。每次迎送声势浩大，朝野轰动，皇帝顶礼膜拜，等级之高，绝无仅有。

唐朝是法门寺的全盛时期，它以皇家寺院的显赫地位，以七次开塔迎请佛骨的盛大活动，对唐朝

■ 武后（624年—705年），即武则天，她不仅是诗人，还是一位政治家，是我国历史上唯一一个正统的女皇帝。唐高宗时她为皇后，后自立为武周皇帝，国号为"周"。史称"武周"或"南周"。

密宗 又称为真言宗、金刚顶宗、毗卢遮那宗、秘密乘和金刚乘，综合各国的传承，统称为"密教"。8世纪时密教在印度具有很大的影响力，后传入我国，从此修习传授形成了密宗。

佛教、政治产生了深远的影响。

据史载 "三十年一开，则岁丰人和"，可干戈平息，国泰民安，风调雨顺。

公元874年唐僖宗李儇在最后一次送还佛骨时，用曼荼罗，即结坛的形式，按照佛教仪规，以地宫中室为中心，4枚舍利为主体，将佛指舍利及数千件稀世珍宝一同封入塔下地宫，用唐密曼荼罗结坛供养，以此实现"八荒来服，四海无波"的护国佑民理想。

这是我国佛教密宗的最高结集，体现出印度佛教中国化后，融合儒家大同世界观念而再度升华的理想境界。

由于唐代诸帝笃信佛法，对舍利虔诚供养，使法门寺成为皇家寺院及举世仰望的佛教圣地。

到了710年，大唐皇帝赐名舍利塔为"大圣真身宝塔"。786年，唐代宗又改称"法门寺舍利塔"为"护国真身宝塔"。

总体来说，唐朝法门寺兴隆的基础是寺院经济实力雄厚。其经济来源是各方施舍，共成圣事。

一是王室施舍。如显庆年间，高宗给钱5000两，绢50匹，以充补供养；后又敕常侍王君德送绢3000匹，供造阿育王像和补固塔用；则天皇后舍所寝衣帐、直绢1000匹，并为佛祖真身舍利造九重宝函和金棺银椁。

长安四年（704）冬，施绢3000匹。上元初

宰相 是辅助帝王掌管国事的最高官员的通称。宰相最早起源于春秋时期。管仲就是我国历史上第一位杰出的宰相。到了战国时期，宰相的职位在各个诸侯国都建立了起来。宰相位高权重，甚至受到皇帝的尊重。"宰"的意思是主宰，"相"本为相礼之人，字意有辅佐之意。"宰相"联称，始见于《韩非子·显学》中。

（760）七月，唐肃宗诏赐瑟瑟像一铺，事以金银之具，另有金襕袈裟以及檀香数百两之赠。贞元六年（790）二月迎佛骨时，倾都瞻礼，施财巨万。同时王室还赏赐给法门寺田产、房屋和车马。

二是王公朝士布施。如三迎佛骨时"舍财投宝者耻后"，五迎佛骨时"舍施唯恐弗及，有竭产充施者"；咸通迎佛骨时，"宰相以下竟施金帛，不可胜纪"。

三是民间施舍。都城长安还为佛骨成立了民间布施机构迎真身舍利，自开元之后，直至咸通最后一次迎送佛骨，民间施舍的钱财不可计数。

有关唐朝法门寺的全盛景象，后来陕西省在法门寺地宫中的考古发现中得到了充分的验证，而且其中有十大发现被世界各界赞为世界十大之最。

地宫出土的佛指舍利中有一个金骨和3个影骨，是世界上目前发现的有文献记载和碑文证实的释迦牟尼佛真身舍利，是佛教世界的最高圣物。

法门寺地宫，是世界上目前发现的年代最久远、规模最大、等级最高的佛塔地宫。

地宫文物陈列方式，是世界上目前发现的最早的唐代密宗之金胎合曼曼荼罗。地宫2.7万枚钱币中，13枚玳瑁开元通宝是世界上目前发现的最早

■ 法门寺佛像

■ 法门寺地宫

的、绝无仅有的玳瑁币。

地宫出土的一整套宫廷茶具，是目前世界上发现的年代最早、等级最高、配套最完整的宫廷茶具，打破了日本茶文化起源说。

地宫中出土的双轮十二环大锡杖，长约2米，是目前世界上发现的年代最早、体型最大、等级最高、制作最精美的佛教法器。

地宫中发现的13件宫廷秘色瓷，是世界上目前发现的年代最早，并有碑文证实的秘色瓷器。

地宫中发现的700多件丝织品，几乎囊括了有唐一代所有的丝绸品类和丝织工艺，堪称唐代丝绸的宝库，是唐代丝绸考古的空前大发现。

盛装第四枚佛指舍利的八重宝函，是目前世界上发现的制作最精美、层数最多、等级最高的舍利宝函。

法门寺锡杖

安奉第三枚佛祖真身舍利的鎏金银宝函，上面錾刻金刚界四十五尊造像曼荼罗，是目前世界上发现的最早的密宗曼荼罗坛场。

阅读链接

据传说，明代有相依为命的姐弟俩，自幼父母双亡。因家贫，姐姐宋巧姣只好让弟弟宋兴儿去财主刘公道家当童工。

当时，有个叫刘彪的特别喜欢孙玉娇。当他获悉傅朋与孙玉娇私订终身的消息后，他误将孙玉娇舅父母当作傅朋与孙玉娇杀死了，并将女头抛到了刘公道家后院。刘公道发现女头后，恐宋兴儿泄密，遂杀人灭口。

次日，刘公道报官诬称宋兴儿窃财畏罪潜逃，眉坞县令赵琏便捕了宋巧姣问罪。宋巧姣据理申辩，令赵琏恼羞成怒，他将宋巧姣收监后，让其交10两银子赎出。

恰巧，宋巧姣在狱中认识了祸起萧墙而入牢的孙玉娇，两人互诉冤情，并判断杀人凶手为刘彪。之后，傅朋托人赎出了宋巧姣。

有一天，宋巧姣得知皇太后来法门寺降香，就冒死告御状。宋巧姣悲号哭诉感动了皇太后，后派人查清此案，昭雪了宋巧姣等人的冤情。

传说，宋巧姣哭诉完起身后，她膝下所跪的石头上便出现了两个圆圆的膝印儿，后来人们就把这块留有膝窝的青石叫"巧姣跪石"。

迎请舍利是唐代的重大盛典

唐朝时期，继承隋朝供养佛舍利的做法，形成了"三十年一开"的制度。唐朝皇帝们坚信定期迎送供养佛骨会给国民带来富庶、康泰与和平，所以皇帝迎送佛骨成为唐代宗教生活的重大盛典。

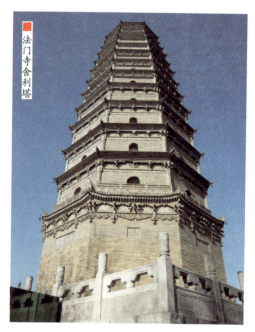

法门寺舍利塔

法门寺地宫出土的佛指舍利作为佛教圣物和国之重宝，其迎奉自有记载以来就是天下盛事。所谓迎请舍利，实际就是每隔30年把珍藏在塔基下地宫中的佛骨迎入长安城皇宫瞻仰。

据记载，法门寺历史上第一次启奉佛指舍利发生于555年的北朝时期。其后，到唐朝时，更是出现了6次迎奉佛指舍

利的辉煌鼎盛。

■ 法门寺宝函

唐朝皇帝的第一次迎奉佛指舍利是在659年。唐高宗遣高僧智琮和弘静迎奉佛指入宫，但要求必须出现瑞相。

智琮于舍利塔下诵经绕佛十天仍无灵应，为表虔诚，遂燃臂供佛，终于感得瑞相，舍利塔下三尊佛像从足下开始放光。佛指舍利遂首次被迎奉入宫。

第二次迎奉佛指舍利是从武周长安四年（704）至中宗景龙二年（708）。武则天命凤阁侍郎崔玄暐和法藏法师到法门寺迎奉佛指。法藏等入塔行道七昼夜，才启发舍利。

除夕迎舍利至西京崇福寺，次年正月十一舍利被迎入神都，即现在洛阳，置于明堂。正月十五，武则天身心护净，虔诚请法藏奉侍，普为善祷。后唐中宗遣法藏等造白石灵帐一铺入塔，供养舍利。

第三次迎奉佛指舍利是在760年。唐肃宗敕僧法

长安城 现今西安城的旧称，是我国七大古都之一。西汉、新莽、前赵、前秦、后秦、西魏、北周、隋、唐朝皆建都于此。现存城址有西汉长安城和唐长安城。

安史之乱 是我国历史上一次重要事件，是唐朝由盛而衰的转折点。安史之乱是指安禄山和史思明起兵反唐的一次叛乱。安史之乱自755年至762年结束，前后达8年之久。

澄和中使宋合礼以及凤翔府尹崔光远迎请佛指舍利入长安内道场。此时"安史之乱"尚未平定，迎奉舍利有祈愿"兵革早息"之意。

第四次迎奉佛指舍利是在790年，这时唐王朝经受了安史之乱的打击，元气未复，唐德宗皈依佛教并奉迎佛指舍利于长安，先在内道场供养，再移驾京都诸寺。

第五次迎奉佛指舍利是在819年。唐宪宗启塔，亲奉香灯，舍利先在禁中供奉3日。唐宪宗夜里看到佛指舍利大放光明，满朝百官伏地叩贺。后佛指又送长安各佛寺，王公士庶奔走膜拜，甚至燃顶、燃臂和燃指以为供养。

第六次迎奉佛指舍利是在873年。这次迎奉舍利的声势浩大，供品最多，是唐代迎请舍利最盛大的一次，也是最后一次迎请舍利。此次迎请舍利，唐王朝事先准备了两年。

当时，从京城长安到法门寺200多里间，车马昼夜不绝，沿途都有饮食供应，并设置了数以万计的金玉珠翠装饰的浮屠和宝帐等物。

迎请佛骨的仪仗车马由甲胄鲜明和刀杖齐全的皇家御林军导引，文武大臣护卫和名僧和尚拥奉，旌旗蔽日，鼓乐鼎沸，沿途站满虔诚

膜拜的善男信女。长安城内各街用绸缎结扎各种彩楼。皇帝亲临安福门城楼顶礼迎拜，官员百姓们沿街礼拜迎候。

按惯制，舍利先要迎请到皇宫内供奉3天，然后再迎送到京城寺院轮流供养。在这期间里，文武百官和豪族巨富都争施金帛，四方百姓扶老携幼前来瞻仰，甚至有断臂截指以示虔诚。

自这次迎请佛骨之后，地宫关闭，与世隔绝千余年之久。后来，一套唐懿宗赐赠的八重宝函和金塔，在陕西省扶风县法门寺地宫后室被考古学家们发现。

八重宝函和金塔是唐懿宗用来供奉佛祖释加牟尼真身佛指舍利的，做工精细、造型优美，精雕细琢，世所罕见，其价值不仅在平雕刀法、宝钿珍珠装及盝顶等工艺，还在于刻凿在四周壁面上的文殊、如来造型，是一个由大小不同的八重金银宝函

御林军 亦称"羽林军"，是我国古代护卫皇帝、皇家和皇城的特殊军队。始于汉武帝刘彻，此后历朝历代的御林军的隶属系统、机构统领、职能权力和地位都不一样。

錾刻 就是在设计好器形和图案后，按照一定的工艺流程，以特制工具和特定技法，在金属板上加工出千变万化的浮雕状图案。

021

塔庙始祖

法门寺

■《大唐迎佛图》

盝顶 我国传统屋顶之一，盝顶梁结构多用四柱，加上方子抹角或扒梁，形成四角或八角形屋面。顶部有4个正脊围成为平顶，四周加上一圈外檐。盝顶在金、元时期比较常用，元大都中很多房屋都为盝顶，明、清两代也有很多盝顶建筑。例如明代故宫的钦安殿、清代瀛台的翔鸾阁就是盝顶。

套合而成的多重宝函。

它的最外层是一个长宽高各0.3米的银棱盝顶黑漆宝函。所谓盝顶，就是函盖上棱成斜面的函。它是用极其珍贵的檀香木制作而成的，并且用雕花银条棱边。

在银棱檀香木函内是一个略小的鎏金盝顶四天王宝函，用一条绛黄色的绸带十字交叉紧紧捆扎。函顶面錾刻两条行龙，首尾相对，四周衬以流云纹，每侧斜面均錾双龙戏珠，底面錾饰卷草纹，四侧立沿各錾两只迦陵频伽鸟，身侧饰以海石榴花和蔓草。

函的四侧分别刻着四大天王图像，正面是北方大圣毗沙门天王，左面是东方提头赖吒天王，右面是西方毗卢勒叉天王，后面是南方毗娄博叉天王。

第六重是素面银宝函，第五重是鎏金如来坐佛说法银宝函。在第四重宝函里，绸带绑的和金锁锁的是一个纯金盝顶宝函，重1500克。

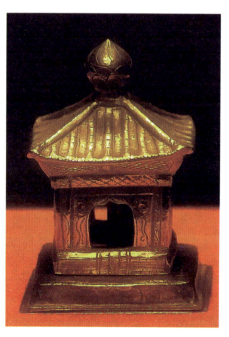

■ 宝函里的小金塔

函体四面立沿上，各錾4只鸿雁。正面为一幅六臂观音图，观音菩萨慈眉善目，前边两只臂手交叉于胸前，后边四臂手环形伸向云天，她的座下为数层莲瓣的莲台，两侧天空有几位天女正抛撒鲜花。

函身右侧为普贤菩萨坐像，两旁为6只小兔和8尊金刚与其做伴。

函左侧是文殊菩萨坐像，菩萨安坐于一头大象的背上，右侧是沙门天王驾着祥云接引19位沙弥和使者飞入天宫。函的后面是帷帽菩萨图，头顶是玉女手擎的华盖，四周是几位弟子虔诚地听经。

■ 法门寺唐代茶具

第三重宝函内，是一尊纯金宝函，函身镶满红宝钿、绿宝钿、翡翠、玛瑙、绿松石等各色宝石。函盖顶面和侧面红、绿二色宝石镶嵌成大大小小的莲花。函身四面用绿松石各镶两只鸳鸯伴以花卉。

重重宝函里面，呈现的是一座精致的小金塔，高105厘米，塔顶飞檐高翘，彩光闪烁，金砖金瓦层层如真。塔身的四壁都刻满了纹饰，并伴有4扇小金门。

塔座上有一小银柱，盘为细颈鼓腰状，喇叭口径处雕12朵如意云头，鼓腰上两平行线连为4组三钴杵纹杆状十字团花，衬以珍珠纹，腰底为莲瓣形，银柱托底也呈八瓣莲花状。间以三钴杵纹，柱底还有一墨书小字"南"。圣物佛指舍利就套在这根小银柱上。

在同一时期，珍藏于地宫汉白玉灵帐中的盝顶铁函被发现。启开木盒内最后一层彩绢时，发现鎏金银棺。银棺状如棺木，而整个小银棺就置于一座雕花的金棺床上。棺床前后分别有5座壸门，左右两侧是雕花帘帷。第二枚舍利就置其内。

在地宫后室北壁秘龛内，有一只锈迹斑斑的铁函，里面是一枚45尊造像盝顶银函。上面放着两枚硕大的水晶随球，还有两枚雕花白玉指环，两枚雕花金戒指，一串宝珠，数条绣花绸绢。

法门寺内的佛指骨舍利

45尊雕像盝顶银函为正方体，长宽高各17厘米，函盖、函身雕工极为精致。函身下沿錾刻"奉为皇帝敬造释迦牟尼真身宝函"。45尊造像盝顶银函内放置银包角檀香木函，函顶、函身均包裹银雕花包角，以平雕加彩绘手法雕满各种花卉，上系银锁、钥匙一副。

银包角檀香木函内为嵌宝石水晶椁子。椁盖上镶嵌黄蓝宝石各一枚，体积硕大，眩耀夺目。椁盖雕观世音菩萨及宝瓶插花，椁身四面皆雕文殊菩萨坐像及莲座、花鸟。水晶椁内是壶门座玉棺。

这里面又是一枚佛指舍利。后来，经专家们鉴定这枚佛指舍利系佛祖释迦牟尼真身指骨舍利。这枚舍利是当今世界上独一无二、佛教界至高无上的圣物。

之后，第四枚佛指舍利很快在阿育王塔中被发现了。这4枚舍利的发现，足以表明法门寺在我国唐代时期是当时佛教朝拜的圣地。

阅读链接

唐太宗晚年皈依了佛教，自称是"菩萨戒弟子"，并修建佛寺，支持译经。有史记载，唐太宗第一次将法门寺所藏的佛舍利"示人"时，有一盲人"见"了佛舍利，居然复明了。随后，武则天还将自己的"一腰绣裙"送进地宫供养舍利。

708年，唐中宗李显割下自己以及皇后和子弟等7人头发"下发入塔"，以身供养舍利。可见，唐皇室尊奉佛指骨舍利是愈演愈烈。

地宫设置重要坛场法器

法门寺作为唐代皇家寺院，文化内涵十分丰富。每次迎奉佛骨，皇帝和大臣都要供奉大量的物品，这些物品后来被唐僖宗下令封闭在法门寺地宫。

法门寺千佛阁

■ 法门寺内的鎏金
银茶罗

仙鹤 即丹顶鹤，
是鹤类中的一
种。它在东亚地
区的文化中具有
吉祥、忠贞、长
寿的象征。也是
古代人认为最崇
高动物中的一
种，它象征着圣
洁，清雅，长寿。

驾鹤 即骑鹤，据
汉代经学家刘向
著《列仙传·王
子乔》记载，佛
教徒王子乔从
浮丘公学道30年
后，乘白鹤驻缑
氏山巅，数日而
去。因此后以
"驾鹤"比喻得
道成仙。

在法门寺的地宫中，除唐代皇帝珍藏的佛指舍利外，还有唐懿宗年间珍藏的用作地宫中供养佛舍利的金银器具121件。其中，唐懿宗与唐僖宗父子供养的金银器就达100余件。

这些生活用具有出自浙西民间工匠之手的浴洗佛像的浴佛盒，也有来自宫廷作坊文思院的一整套系列金银茶具等珍品。

鎏金壶门座茶碾子通体呈长方形，由碾槽、辖板和槽座组成。槽呈半月形尖底，口沿平折，与槽座焊接。槽身两端为如意云头状，两侧各有一只飞雁及流云纹。槽座嵌于槽身，座壁有镂空壶门，门之间饰天马流云纹。

茶碾子打开后，上置纯银锅轴，轴刃有平行沟槽，轴杆圆形，中间粗两端细，其上錾刻"五哥"两字，表明此器为唐僖宗供奉。轴孔四周錾团花，外饰流云纹，錾文上有"碢轴重一十三两"，轴可来回转动。茶碾子是碾茶器，在煮茶时，供碾碎饼茶之用。

鎏金银茶罗，全称为"鎏金仙人驾鹤纹壶门座银茶罗"。通体呈长方形，由盖、罗、屉、罗架、器座组成，均系钣金成型，纹饰涂金。盖顶錾两体首尾相对的飞天，并衬以流云。盖刹四周各饰一和合云。罗架两侧饰执幡驾鹤仙人，另两侧为相对飞翔的仙鹤，四周饰莲瓣纹。

罗和屉均为匣状，中夹罗网，屉面饰流云纹，有拉手。罗架下有台形座器，设镂空壶门。茶罗子，即茶筛。它是饼茶经茶碾碾成碎末后作筛茶用的。

金银丝结条笼子有盖，直口，深腹，平底，四足。盖为穹顶，笼有提梁，盖与提梁间有一金链相连。整个笼子用极细的金银丝编织而成。条结笼子，主要供烘烤饼茶后，趁热装入纸袋，作为一种贮器，暂存于此。

鸿雁球路纹银笼子是烘烤饼茶的用器。因唐时人们用的是饼茶，饮茶时要将饼茶先进行烘烤后，再经碾碎，方可煮茶饮用。

鎏金双凤衔绶带御前赐银方盒的盒体呈扁方形，盖身上下对称，以子母口扣

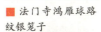
■ 法门寺鸿雁球路纹银笼子

绶带 是指用于连挂勋章、奖章和略表的带子。通常以丝绸制作，并有规定的颜色和花纹。现代世界上很多国家的勋章和奖章皆配有绶带。

合。盖面中心为口衔绶带相对翱翔的双凤团花，角隅錾十字绶带花结纹样，盒底内外有同心圆旋削的痕迹。圈足与盒身焊接而成。底外壁竖錾"诸道盐铁转运等使臣李福进"，盖面墨书"随真身御前赐"六个字。

鎏金双狮纹菱弧形圈足银盒的盒体呈菱弧状，上下对称，以子母口扣合。盖面内以联珠组成一个菱形，与周边呈相斗的布局。内菱形中部錾两只腾跃的狮子，四周衬以莲与缠枝蔓草，内外菱形的角隅饰背分式西番莲纹样，腹壁上下均錾二方连续的莲叶蔓草，圈足饰一周简莲瓣。盒底外壁竖錾刻4行33字：

进奉延庆节金花陆寸方合壹具重贰拾两
江南西道都团练观察处置使臣李进。

鎏金十字折枝花小银碟是钣金成型，纹饰涂金。共出土20件中有带圈足或无圈足之区别。盘圆座葵口小银碟五曲葵口，平底，浅腹。

鎏金鸳鸯团花双耳大银盆系唐僖宗供佛用品。浇

■ 法门寺鎏金鸳鸯团花双耳大银盆

铸成型，盆壁分为4瓣，每瓣内錾两个石榴团花。团花中有一双鼓翼鸳鸯立于莲花之上，两两相对，栩栩如生，呼之欲出。鸳鸯团花之间衬以流云纹。

鎏金鸳鸯团花双耳大银盆盆底模冲、锤打出一对互相嬉戏的鸳鸯和阔叶石榴组成的大团花，四周施鱼子纹地，形成浅浮雕效果。特别是盆壁内外的錾刻，花纹完全相同，犹如透雕而成，是我国目前发现的不可多得的唐代金银器艺术珍品。

鎏金鸳鸯团花双耳大银盆盆外两侧各铆接两个额刻"王"字的天龙铺首，口衔饰有海棠花的圆环，环上有提耳，圈足微外撇，其外饰莲花。盆底外壁，錾刻"浙西"两字，即唐后期南方金银器的制作中心。

后来在地宫出土的大量供养器真实地反映了唐代的礼佛仪典。在法门寺地宫中，唐朝用大量金银器以佛教密宗最高仪规供养佛祖指骨舍利，其中包括灌

■ 法门寺鎏金鸳鸯团花双耳大银盆

鎏金 即镏金，古代金属工艺装饰技法之一。用涂抹金汞齐的方法镀金，近代称"火镀金"。这种技术在春秋战国时已经出现。汉代称"金涂"或"黄涂"。它是我国一项传统的古代劳动人民在生产劳动中总结创造的工艺。

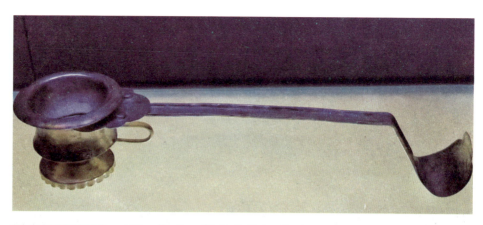

■ 法门寺内的长柄
银手炉

皇家寺院

御赐美名的著名古刹

灌顶 有"驱散"及"注入"的含意，或为"授权"。在修行密法时，首先要有一位具足实证资格的上师，设立本尊坛城，以使密法的修行者，能够了解此种本尊的实修方法。

金刚 为密宗术语。金刚一词的梵文是"缚日罗"、"伐折罗"，本来是指神话中的武器。现今金刚为钻石的简称，也可比喻身材巨大有力的人。

顶、供香、供花和燃灯等器具。

地宫中常用的器具有：银芙蕖即莲花，是佛教密宗的十大供养之一。佛典中以莲花往生之所托，又被视为报身佛之净土，故在佛前多供养此花，花叶用薄银箔做成，是唐代金银工艺品的佳作。

香炉也称熏炉、火炉，为大乘比丘十八物之一，也是佛前或坛前的三具足、五具足之一，是佛事六供或十供常用的首要供具，又是密教修法必用之法器。

原唐懿宗供奉置于地宫后室的鎏金卧龟莲花纹五足朵带银熏炉及银炉台，其型制高大，制作精美，工艺采用了錾刻、钣金、鎏金和铆接等方法，为唐代同类金银器最宏大的一个，精湛的制造工艺和精美的装饰图案叹为观止。

鎏金象首金刚镂空五足朵带铜香炉通体鎏金，由炉盖、炉身组成，盖和身以子母扣开合。盖面镂空，盖顶仰莲蕾上跪一人身象首金刚，金刚身披绫带，双手合捧一宝珠，为密教造像。

长柄银手炉均为鎏金银质，一大一小构造相同，以两半球扣合构成囊体。囊内铆接持平环和香盂，持平环之间及内环与香盂之间成直角相互支撑，使香盂保持平衡。囊体镂空，供香气溢出。

鎏金双蛾纹银香囊系唐僖宗所供奉，是唐代香囊存世品中最大的一枚。香囊在当时是一种熏香用器，其钵内放置香料，点燃后香气从镂空处外飘，以改善室内的空气。

鎏金三钴杵纹银阏伽瓶共有4尊，原分置于法门寺地宫后室四角，底部分别写有"东"、"南"、"西"、"北"。

纹饰鎏金细颈、圆腹和圈足，颈饰如意云头纹，腹饰4个莲瓣纹圈成的四曲圆图。内饰十字三钴金刚杵纹，圆图之间以两周弦纹相接，腹下部饰以一周八瓣仰莲，仰莲间立有三钴金刚杵。

鎏金仰莲瓣荷叶圈足阏伽水碗的碗壁模冲两层莲瓣，错置排列，瓣尖自然形成口沿。圈足为翻卷荷

塔庙始祖

法门寺

法门寺文物鎏金银香炉

佛典 是释迦牟尼佛对九法界众生教育的经书，世尊大彻大悟，说出宇宙万物人生的真相和真理。也是佛教发展的历史进程，最能体现各个历史时期、各个重要佛教思想家和佛教宗派思想的主要经论和著述。

叶，外錾叶脉。圈足底錾文"衙内都虞侯兼押衙监察御史安淑布施，永为供奉"，内足壁墨书之"吼"字系密教咒语。

水碗与四阏伽瓶同为智慧轮所供，《物账碑》称之为阏伽水碗。阏伽水碗为供净水之具，其圈足所饰之鱼梵名摩羯鱼，为经论中多处记载的大鱼，被视为与鳄、鲨鱼和海豚等同类，在印度神话中，它是水神坐骑。

臂钏为阿阇梨修法用具。在举行修法灌顶仪式时阿阇梨臂饰宝钏。也是密教造像中的八庄严之一。

在唐代，除了以上器具外，常见的寺院法器有香炉、金鼎、云板、云鼓、欢门、金幢、宝盖、幡、长明灯、香案、供具、蒲团、钟、磬、木鱼、铙、钹、钲、铃等数十种。

在法门寺地宫，唐朝为佛祖设置坛场和法器，以行佛道。如地宫中出土的锡杖、钵盂和如意等均属此类。另外，僧人们携行的念珠、锡杖、钵盂和如意等物也属此类。

阅读链接

1987年，我国考古队清理法门寺地宫后室的工作即将结束时，工作人员忽然发现，后室的土层好像被人动过。

工作人员挖开土，一个密龛便露了出来，密龛上有个包裹，里面有一个铁函。在铁函里套着一重又一重的宝函，里面藏物经专家鉴定竟然为玉制仿制品。

之后，为了万无一失，考古专家们对密龛里发现的铁函进行X射线扫描，确定铁函内有异物。工作人员打开铁函，发现了一大一小两颗水晶珠和被丝绸包裹的镏金函。

镏金函里有个檀香木函，檀香木函里有个水晶椁子，水晶椁子里有一个玉棺，而又一枚舍利就在其中。据考证，这是世上现存唯一的佛祖真身指骨舍利。

地宫中的绝代传世珍品

唐代的法门寺地宫在闭宫1300多年后，最终被后来的考古工作者找到了地宫的入口，并造访了整个地宫。地宫中除大批金碧辉煌的金银器外，随处可见一些古今已绝的传世珍品。

法门寺大雄宝殿

■ 法门寺青瓷盘　我国古代最主要的瓷器品种，以铁为着色剂的青釉瓷器的泛称。青瓷以瓷质细腻、线条明快流畅、造型端庄浑朴、色泽纯洁而斑斓著称于世。

施釉　又称上釉、挂釉、罩釉。是指在成型的陶瓷坯体表面施以釉浆。其方法有蘸釉、荡釉、浇釉、刷釉、吹釉、喷釉、轮釉等多种。按坯体的不同形状、厚薄，采用相应的施釉方法。

在地宫入口的第一级台阶上，大大小小的开元通宝、乾元重宝和五铢钱堆积了厚厚一层，而地宫的第一道石门便在台阶下的 8 块巨大封门石后。在石门内甬道的尽头竖有《大唐咸通启送歧阳真身志文》和《献物账》两通石碑。

《大唐咸通启送歧阳真身志文》碑主要记载了古印度阿育王安奉佛指舍利于法门寺，以后为历朝拥戴及唐代诸帝迎送、供养的历史盛况。《献物账》碑则记载了地宫所有宝物的质地、尺寸、大小和重量以及供奉人姓名的详细账单。

在这两通石碑后面的石门前面，是用大理石砌成的长长的地宫前室，这里依旧是金钱铺地，上面放置大堆大堆镶满金银珠宝的丝绸织物，满地凌光闪耀，令人眼花缭乱。

在法门寺地宫前室的檀香木箱里装有瓷碗、瓷盘和瓷瓶。这些瓷器通体施釉，色泽绿黄。从《地宫宝物账碑文》中得知，原来它们就是秘色瓷。

秘色瓷盘为宫廷御品，史载五代后始有。在法门寺地宫未开启前，人们只是从记载中知道它是皇家专用之物，由"越窑"特别烧制，从配方、制坯和上釉到烧造整个工艺都是秘不外传的，其色彩只能从唐诗描写中去想象：

九秋风露越窑开，

夺得千峰翠色来。

在法门寺地宫中发现的有明确记载的13件宫廷专用秘色瓷，是世界上发现有碑文记载证实的最早、最精美的宫廷瓷器。

这些秘色瓷是唐懿宗供奉佛祖的珍贵物品，其中的八棱长颈瓶和两件银棱碗造型规整，釉色清亮，其制作为唐代青瓷的最高水平，堪为传世之珍品。

八棱长颈瓶陈放于地宫后室第四道门内侧的门槛上，"瓶内装有佛教五彩宝珠29颗，口上置一颗大的水晶宝珠覆盖"。两件银棱碗高7厘米，口径3厘米多，碗口为5瓣葵花形，斜壁，平底，内土黄色釉，

地宫 又是僧人们圆寂后使用的墓地，是为埋藏"舍利"在塔基下建的地窖。早期的塔舍利放在塔刹，南北朝兴起在塔下埋藏舍利。最初只是将放有舍利的宝函直接埋于地下，后来发展为建地宫埋藏宝函。

越窑 越窑是我国古代南方青瓷窑，大本营在越州今绍兴。窑所在地主要在今浙江省上虞、余姚等地。生产年代自东汉至宋。唐朝是越窑工艺最精湛时期，居全国之冠。

■ 法门寺秘色瓷盘

皇家寺院

御赐美名的著名古刹

■ 袈裟 为佛教僧众所穿着的法衣，以其色不正，故有此名。僧众所穿袈裟还有"袈裟野"、"迦逻沙曳"、"迦沙"或"加沙"等称呼。

法事 是寺院道场重要行事之一。在所举办的法事当中，有的是自我忏悔的方式，如忏摩；有的是经大众附议通过者，如布萨；有的是对大众宣说佛法，如升座说法；也有在新春时为国家祈福祝祷，乃至山门迎春等活动。

外黑色漆皮，贴金双鸟和银白团花五朵，特别精美。

在地宫前室中央，到处盖着、擦着和包着琳琅满目、幻彩异色的丝绸服饰，仅地宫内一个腐朽的白藤箱内堆积的丝绸衣物就有23厘米厚，780多层，估计展开后面积可达400多平方米。

这些丝织品包括极其珍贵的金丝袈裟，以及历代帝王、后妃和公主施舍供奉的大批衣物、鞋帽和被褥等达数百件。其中最引人注目的是武则天赏赐的一件绣裙。还有一件被称为毳纳佛衣，是用鸟的羽所织之衣，这是真言宗作加持祈祷法事的真言师所穿之衣。

这些丝绸里出现了印花、贴金、描金、捻金和织金等工艺品类，其工艺精巧纤细，风格华丽凝重，针法千变万化，多为彩绣，而所绣内容有人物、花卉、鸟兽、昆虫等。其中，最为神奇的是5件蹙金绣。

蹙金绣的捻金线比头发丝还细，每米金丝线上绕金箔3000捻回。尤其在用捻金线圈边时，如画家用笔，圆韧挺拔，轮廓、线条流畅自然，色泽晕润由浅到深，如有生命，是出自高手的刺绣作品，堪称古今一绝。

位于地宫前室中央的阿育王塔塔顶呈宝刹形，塔里面是多重丝绸包裹着的由塔座、塔身和塔刹三部分构成的方形铜浮屠。

铜浮屠的塔座为须弥座，须弥座身有逐层渐收的护栏，每面护栏的正中设弧形踏步。塔身单层、四面各开一方，正面门外左右各列一力士，门两侧为直棂窗，门额以上做"人"字形斗拱。塔顶为单檐，四角攒尖顶，每面铸出瓦垄，角檐起翘。塔刹高耸，有6个相轮由下至上依次渐小，相轮以上有宝盖和圆光，并镶有宝珠。

在地宫中室有一顶巨大的汉白玉灵帐，灵帐四周雕刻繁复细腻。帐身布满千姿百态的浮雕造像及各式彩绘花纹。帐身披三领金光耀眼的纯金螺纹线与丝线交织的大红罗地蹙金绣袈裟，在袈裟旁边放着一双光彩夺目的用金、银丝编织的绣鞋。

在一只朽坏的金银棱檀香木箱里，有一尊通体挂满珍珠璎珞的鎏金银捧真身菩萨。整个造像的造型分上、下两部分，上面为鎏金珍珠装菩萨，高挽发髻，上身裸露，神态端庄，身上斜披帛巾，下体着羊肠大裙，通体缠绕

■ 法门寺鎏金银捧真身菩萨

颗粒饱满硕大的珍珠璎珞。下面为细腰鼓形莲座。

据相关史料记载，唐代法门寺地宫的传世珍品远非以上所述，地宫建造时间大约在660年。当时，开元三大士还未来唐，印度纯密尚未传入我国，地宫自然不可能按唐密曼荼罗仪规修建。

但自从纯密传入后，特别是唐懿宗和唐僖宗在会昌法难后不久，迅即修复寺塔及地宫，并由大兴善寺和青龙寺的大阿阇梨如智慧轮、义真、海云等主持或参与，就原地宫建筑，按曼荼罗仪规来布置。

地宫不仅是供养佛指舍利的坛场，按唐王朝本愿，是想作为永久性的坛城而建设的。所以法门寺的地宫是按照唐朝帝王陵寝的建制"归安于塔下之石室"。其规格极高，正如地宫中《志文碑》所说：

玉棺金箧，穷天上之庄严；蝉翼龙纹，极人间之焕丽。

阅读链接

新中国成立前，朱子桥率部属到陕西，见法门寺寺院破败、宝塔倾颓的惨景，不禁怆然。朱子桥将军首倡，法门寺真身宝塔重修工程筹备开始。

据传说，修理宝塔时，曾动工打开过地宫石盖，用吊灯试探地宫内，烟雾缭绕障眼，而且灯火也被窒息。由于情况异常，士兵马上报告了朱子桥。

朱子桥得到消息后，立即去了现场，责令"原塔封存"以保证文物免于遗失，并告诫知情人，不许外传地宫情况。朱子桥对佛指舍利及地宫中无数珍品的保护可谓功勋卓著，令人感佩动容。

唐朝后期逐渐走向衰落

种种唐代珍贵文物的出土及考证表明，繁盛时期的大唐帝国对佛教的尊崇，使佛教的规模得到了很大的发展，法门寺也因此进入了全盛时期。

但是，后来由于唐武宗即位和中唐以来连年的战乱，寺院几乎成为世俗化的娱乐场所。

唐武宗崇奉道教，加之宰相李德裕也是个道教徒，兼僧尼队伍鱼龙混杂，各派之间矛盾重重、尖锐对立。

唐武宗因而极力排斥佛教。他不仅摒弃旧制，而且不再礼迎佛骨，更有甚者还在846年颁布了一系列灭佛诏敕。在这场灭佛的空前浩劫中，数以

唐武宗画像

■ 法门寺

李茂贞（856
年—924年），本
名宋文通，因为
功高被受命为武
定节度使，李茂
贞为唐僖宗所赐
姓名。后来，李
茂贞便凭借此殊
荣和雄厚的实力
割据一方，逐渐
成为了五代时期
的岐王和后唐时
期的秦王。

千计的寺院财产被没收，寺庙被毁，大批僧人被强迫
还俗。唐武宗曾敕令毁碎法门寺供奉的佛指舍利，庆
幸的是执行者将真正的佛骨秘藏了起来，使佛指舍利
躲过了这场法难。

继唐武宗后，登上皇帝宝座的是他的叔父唐宣
宗。而这位皇帝早年曾过着四处流落的生活，有时甚
至寄宿于法门寺，接受僧侣们的施舍。所以唐宣宗即
位后，带着他报恩的心愿，重新下诏恢复佛教从前的
盛况，持续6年之久的会昌法难宣告终止。

由唐而宋，法门寺昔日皇家道场的风光也随之不
再。宋代以后，我国历史上战乱频仍，天灾人祸不
断，法门寺寺貌凋敝，寺域缩小，几度衰朽，又几度
重修，虽然香火不断，时有高僧大德主持，也难挽其
颓势。

922年，盘踞凤翔的原唐节度使岐王李茂贞，当

时也称秦王，曾多次修葺木塔，添置塔心樘柱，以绿琉璃瓦覆盖塔顶，使木塔更加漂亮，逢夕阳朝霞时，金碧辉煌，雄姿昂然。当时有个叫薛昌序的撰文《秦王重修法门寺塔庙记》说"穷华极丽，尽妙罄能"。

在宋、金和元朝时期法门寺宝塔统称"真身宝塔。"宋代的法门寺虽不可与唐时的繁盛同日而语，但仍承袭了唐代皇家寺院之宏阔气势。

法门寺寺藏文物记载，当时仅"二十四院"之一的浴室院即可日浴千人，其庞大之规模可想而知。北宋皇帝多崇佛佞道，宋徽宗曾手书"皇帝佛国"四字于山门之上。

金、元之际，法门寺仍是关中名刹，"藏经碑"中有寺僧抄写大藏经5000卷及天王院香雪堂僧人诵经和煮茶的记载。金人也刻诗碑盛赞其寺塔：

三级风檐压鲁地，
九盘轮相壮秦川。

关中　又称关中平原，地处陕西省中部。西起宝鸡大散关，东至潼关，南接秦岭，北到陕北黄土高原，号称"八百里秦川"，是我国重要的商品粮产区。

041

塔庙始祖

法门寺

■ 法门寺塔全景

■ 法门寺宝塔

明清以后，法门寺逐渐衰落，已无昔日繁荣景象，但从寺藏明代碑刻可知当时仍有"二十四院"之宏伟建制。

1569年，陕西凤翔府连续发生了两次地震，波及法门寺的真身宝塔，历经数百年历史的唐代四级木塔崩塌。

1579年，陕西省扶风县的佛徒杨禹臣和党万良等，募化钱财，倡导修复法门寺塔，历经30年时间，终于在1609年竣工，原来的四层木塔改建成了八面八棱的13级砖塔，高47米，极为壮观。

砖塔的最上层和最下层均无门洞，其他11级各开8洞，共88个佛龛。

砖塔的每层有出檐和砖雕的斗拱，第一层斗拱下有砖雕花，每边中间有二龙戏珠、狮子、麒麟、双凤朝阳、花叶云朵的浮雕，纹样华丽。

在砖塔的下边还有题额，正南方为"真身宝塔"，东为"浮屠耀日"，西为"舍利飞霞"，北为"美阳重镇"，其他四面分别题刻"乾"、"坎"、"艮"和"巽"，用以表示西北、西南、东北和东南四个方位。

砖塔的第二层下部周围栏杆上雕刻的是饰莲花朵

佛龛 指掘凿岩崖为室，安置佛像。后来，以石、木或其他材料做成橱子形小阁供奉佛像，大都与佛堂建筑同期进行。宫庭中佛龛独立于建筑主体之外，可拆迁并与佛像有多种组合，在数量、样式和艺术特征上超过了传统的佛龛。

卷草云图案，雕工极为精细。

塔基平面呈圆形，东西直径约19米，南北直径约20米，总面积约320平方米。砖塔基底部中间浅，四周深。

从形体上看，明代的砖塔与唐代的木塔大异其趣，四维四边变成八角形，这种八卦方位图式的塔轮廓线近似浑圆，如笔锋直指向青天，显得粗犷壮硕、高标突兀，显示出君临大地、傲视苍穹的恢宏气势。

以乾、坤、艮和巽表西北、西南、东北和东南4个方位，显然是异域文化与传统文化相融的象征，其浮雕既有龙、凤和麒麟腾跃华夏文化的吉祥瑞气，又有莲花、草云和狮子等闪耀着印度文化的圣洁佛光。

在清代时期，清王朝几次对法门寺进行修葺，但规模不大，法门寺在当时陆续建起了大雄殿、木佛殿、西佛殿、铜佛殿、浴佛殿和九子母殿。

在法门寺的历史上，曾先后有高僧，如唐代的惠恭大师和金代法爽和尚在法门寺自焚圆寂，为弘扬佛法献出了毕生精力。据有关史料记载：唐代的惠恭大师在佛门修行到了最高境界后，他就会自然地积火自焚，炼出舍利。

金代的法爽和尚，在金大定21年，瞻礼法门寺的真身宝塔，诣塔前身挂千灯以为供养。尔后，他就寄居在长安，再后来又到法门寺修境院披阅藏教。

法门寺净土院僧主因敬重法爽和尚的名德，就邀请法爽和尚做法门寺的住持，即为净土院僧。

法爽和尚经常诵《法华药师品》，愿行其法供养。于寺东南四五里择地筑坛场，建宝塔19座，拟于1206年焚身供养。由于凤翔府帅的阻止，未能实现。1208年，法爽和尚自积柴火，在熊熊烈火中自焚，以身献佛。

皇家寺院

御赐美名的著名古刹

阅读链接

1987年4月3日，封闭1000多年的法门寺地宫重新面世，出土了佛指舍利和唐朝8位皇帝供奉的2000多件皇室绝世珍宝。法门寺文物的考古发现诱发了人们了解法门寺佛教的热望。由于法门寺的文物基础特别雄厚，其佛教文化资源的开发也就具有了特别重要的意义。

法门寺佛教文化资源的开发充分发掘和利用了与法门寺相关的历史文化内涵。如通过对八重宝函、五重宝函和捧真身菩萨的文饰解读，使得唐朝密曼荼罗文化博大精深的内涵再现出来，进而引起了日本、韩国等国和我国台湾、香港以及澳门地区佛教密宗一脉相承关系的新思考。

法源寺

法源寺位于北京市宣武区法源寺前街的教子胡同，建于645年，是北京市最古老的名刹，唐朝时期寺名为"悯忠寺"，在清朝雍正时期重修后改名"法源寺"。

法源寺坐北朝南，形制严整宏伟，六院七进。主要建筑有：天王殿、大雄宝殿、观音殿、净业堂、大悲坛和藏经楼。

法源寺寺内花木繁多，初以海棠闻名，后以丁香著称，全寺丁香树千百成林，花开时节，香飘数里，为京城绝景。

唐朝为纪念东征将士而建造

唐太宗画像

法源寺从初创算起，已有1300多年历史。据元朝官修全国性地理总志《元一统志》记载，法源寺始建于唐朝，初名"悯忠寺"。

据传说，唐太宗李世民在位期间，高丽民族的势力日益壮大，不仅在朝鲜半岛称霸，势力还延伸到了我国东北的辽水流域，这是李世民绝不能容忍的。

李世民对此耿耿于怀。但是李世民考虑到隋朝因30年前攻打高丽，弄得国内空虚，民不聊生，并导致了后来隋朝的灭亡。李世民更加谨慎，一再强忍着。

到了644年，李世民再也不想忍下去了，终于下定决心亲征高丽，并计划一次性出兵20万，以最快的速度击败高丽。

在当时，李世民让一个30年前曾出征过高丽的老将军谈谈意见。老将军说：辽东太远了，部队的补给会很困难，而高丽人不但很会守城，又是在家门口，速战速决恐怕很难。

李世民没有采纳老将军的意见，而唯一能劝阻他的大臣魏徵丞相偏偏又在不久前去世了。朝廷里再也没有哪个文臣武将能劝得住李世民。

■ 唐高宗李治

645年3月，眼见李世民就要发兵了，留守后方的儿子李治居然紧张得哭了好几天。在出征那天，就在李治为父皇送行时，李世民信心百倍地指着身穿的黄袍对李治说："等到凯旋，我再换这件袍子。"

5月，唐朝的大军攻下了辽宁省的辽阳城。6月，唐朝军队已进军到辽宁省盖平县东北。见唐军来势凶猛，高丽赶紧动员了15万人，双方再次展开恶斗，高丽军最后还是打不过唐军，就决定坚壁清野，将几百里内断绝人烟，使唐朝军队无法就地找到补给。

就这样，战争拖了下去。夏天很快到了，李世民的黄袍也破了。宦官请他换身新黄袍，可李世民非要穿着原来的黄袍，不肯脱下来。

《元一统志》
原名《大元大一统志》，元代官修全国性地理总志。该书对全国路府州县建置沿革及山川、土产、风俗、里至、宦迹和人物，皆有详述，对后来修撰地理志《一统志》影响巨大。

皇家寺院

御赐美名的著名古刹

■ 法源寺悯忠阁

金石学 指我国古代传统文化中的一类考古学，其主要研究对象为前朝的铜器和碑石，特别是其上的文字铭刻及拓片；广义上还包括竹简、甲骨、玉器、砖瓦、封泥、兵符和明器等一般文物。

忠烈祠 是宋仁宗皇帝为纪念救自己而丧命的宫女寇珠所建的祠堂。我国历代对忠臣烈士即有设祠奉祀，或曰忠烈庙、忠烈祠、昭忠祠、褒忠祠等，祠名为皇帝封赐。

李世民说，将士们的战袍也都破了，我一个人怎么能穿新的呢？7月过去，8月也快过完了，李世民依然看不到丝毫能够获胜的希望。

随着战事时间的推延，部队的物资供应开始严重不足，加之东北的天气越来越冷，将士们的伤亡特别惨重。李世民开始着急了。

最后，他只好下令撤军，从9月份开始撤退，直到11月份，李世民御驾亲征的部队才抵达幽州，也就是后来的北京。但是，当时归来的人马连出征时的五分之一都不足。

无功而返的李世民痛苦万分，他虽然换掉了旧袍子，可是却换不掉他远征高丽的创痕。此时，他格外思念魏徵。他想，魏徵要是还活着就一定会劝他别打这场仗。于是他派人到魏徵坟上新立了一座碑。

李世民还把魏徵的太太和儿子找来，特别慰问他们，表示他对魏徵的怀念。李世民内心总是觉得自己有愧于那些战死沙场的将士们。

645年，为了追念这次出征高丽死难的将士们，也为了平衡自己错误决定造成惨痛损失的悲痛心情，李世民下令在北京建造一座寺庙。他考虑到将士们的死亡，是为国尽忠而死，他们是令人敬佩的，但他们的身世却是可怜的。因此，李世民最后决定，这座庙就叫"悯忠寺"。

悯忠寺是我国的早期忠烈祠。在李世民看来，只有悯忠寺这个名字才能最好地表达这座寺庙应该表达的意义。只可惜，寺庙还没有建成，李世民就去世了。后来，经唐高宗李治、武周皇帝武则天多次降诏后，在696年才完成建寺工程，武则天赐寺名为"悯忠寺"。

历经51年建成的悯忠寺最初本是以祠堂形式存在的，但自武周至唐玄宗时期，由于受到唐王朝大兴佛事的影响，逐渐发展成了规模宏大的佛寺。

据碑刻论著《法源寺贞石录》和清代金石学著作《金石萃编》记载，自651年至726年间，法源寺已先后存有《毛藏妹等造像并记》、《云麾将军碑》和《悯忠寺经幢》等碑刻。

《毛藏妹等造像并记》碑刻于651年，碑石长85厘米，宽52厘米。记刻于背，4行，行10字，正书。原石已残。

《云麾将军碑》也叫李思训碑，720年6月立于法源寺，由唐代书法家李邕撰文并用行楷书写，共计30行，每行70字。碑额题篆书"唐故右武卫大将军

武周 武则天建立的王朝。690年，武则天废黜唐睿宗李旦称帝，袭用周朝国号，改国号为周，定都神都洛阳，改元天授，史称武周。武则天是中国历史上唯一获普遍承认的女皇帝，前后掌权40多年。武周仍然袭用唐制，武则天是武周朝唯一的皇帝。

■唐玄宗（685年—762年），亦称唐明皇，本名李隆基。唐玄宗做皇帝后，任用姚崇和宋璟等贤相，励精图治，他的开元盛世是唐朝的极盛之世，但后来长达8年的安史之乱，为唐朝后期的衰败埋下了伏笔。

李邕（678年—747年），即李北海，唐代著名书法家。能诗善文，工书法，尤擅楷书，书法以碑版为多，其中《李思训碑》和《麓山寺碑》为传世碑帖。他少年即已成名，后召为左拾遗，曾任户部员外郎、括州刺史、北海太守等职，人称"李北海"。

李府君碑"共4行12字。为唐睿宗李旦的"桥陵"陪葬墓群中神道碑之一。

《云麾将军碑》铭文内容主要记述唐代书画家李思训的生平事迹。清代金石学著作《金石萃编》载：碑高一丈一尺三寸六分，宽四尺八寸五分。碑石下半段文字残缺已甚，上半部字迹较清晰。现存陕西蒲城桥陵，下截多漫漶，上截亦石花满布，几不能读。

《云麾将军碑》书法劲健，凛然有势。用笔清劲，自然，瘦劲异常，凛然有势，结字取势纵长，奇宕流畅，其顿挫起伏奕奕动人，顾盼有神，犹是盛唐风范。《云麾将军碑》碑规模极大，遒劲而妍丽，为李邕精心之作，也为历代书家所称道。

《悯忠寺经幢》碑刻于726年，据碑刻论著《法源寺贞石录》记载：

石久佚，亦未见拓本，碑身高广及行款均不得计。寺现存唐石幢座一件，疑是此幢底座。

后来，据考古学家们的考证，在中间有两块汉白玉柱石，卷叶莲花瓣形状，它们的花纹与悯忠寺726年制作的佚失了石幢却保存了幢座的花纹是极相近的，而且它们的石质也不是北京附近所产的白石。据考证它们是唐初建寺的原物，也是法源寺最早的历史见证。

755年，身兼范阳、平卢、河东三节度使的安禄山趁唐朝内部空虚腐败之时，联合契丹和同罗少数民族的统领史思明以忧国之危和奉密诏讨伐杨国忠为借口在范阳起兵，发动了我国历史上长达8年的"安史之乱"。

安禄山进入北京后自封大燕皇帝，在悯忠寺东建了一座木制佛塔，并将寺名改为"开元寺"。那时，为巴结讨好安禄山，史思明特意在"悯忠寺"修建了一座"无垢净光宝塔"，并请参军张不矜撰、著名的书法家碑刻大师苏灵芝刻了为安禄山歌功颂德的碑文《无垢净光宝塔颂》。

据碑刻论著《法源寺贞石录》记载："无垢净光宝塔"于757年建在法源寺的西南角，塔身为砖结构，高3米左右。《无垢净光宝塔颂》碑就嵌在塔壁上，碑高100厘米，宽73厘米。

《无垢净光宝塔颂》碑碑文全文为"御史大夫史思明奉为大唐光天大圣文武孝感皇帝敬无垢净光宝塔

节度使 古代官名。唐初开始设立，后改称都督。唐代因受职之时，朝廷赐以旌节，故称节度使。节度一词出现甚早，意为节制调度。唐代节度使渊源于魏晋以来的持节都督。北周及隋改称总管。唐代称都督。

史思明（703年—761年），原姓阿史那，名崒干，因战功唐玄宗特赐名思明，宁夷州突厥人，懂六蕃语。759年拔魏州，称大圣燕王，年号应天。后来杀了安庆绪，称帝，更国号大燕，建元顺天。

■ 法源寺大雄宝殿

皇家寺院

御赐美名的著名古刹

■ 法源寺观音殿

安庆绪 安禄山的次子。他是安史之乱的祸首元凶之一。初名仁执，善骑射，唐玄宗赐名庆绪。安禄山发动叛乱称帝时，封晋王。757年，安庆绪杀安禄山，自立为大燕皇帝。759年，为部将史思明所杀。

颂"。此碑的奇特之处在于，它是我国古代唯一一个从左至右书写碑文的特殊例子。

后来，安禄山被他的儿子安庆绪所杀。安庆绪称帝后，对史思明收容安禄山溃散的残部极其不满，打算找机会除掉史思明。但史思明重新归降了唐朝，而且对《无垢净光宝塔颂》的碑文内容作了改刻。

759年，史思明再度反唐，杀死安庆绪后自立为"大圣周王"，并效仿安禄山在悯忠寺东南建了一座木制佛塔，将悯忠寺更名为"顺天寺"。直到后来史思明被杀，"安史之乱"最终被唐王朝平息，顺天寺又才改为原名悯忠寺。

由于悯忠寺是唐太宗亲自下令修建，唐武宗李炎下令在全国开展兴道灭佛的运动期间，他在诏毁佛寺时，按佛寺所在地域分为三等，幽州居上等，"寺留一所，僧限十人"，幽州地面上所留之寺就是当时的悯忠寺。

悯忠寺当时的情形，在《悯忠寺重藏舍利记》石碑中曾有详细的记录。但这块碑石后来佚失了。据明末著名史学家顾炎武撰《金石文字记》记载：重藏舍利记，采师伦正书，会昌六年九月。今在京师悯忠寺。此初复佛寺之文。

在882年，一场大火烧毁了"悯忠寺"内的所有建筑。安禄山与史思明先后建造的两座木制佛塔也毁于这场火灾之中。

后来，幽州节度使李可举看到悯忠寺被烧毁心里特别难受，便捐出自己的俸禄重新修建了"悯忠寺"。

之后，在唐末景福年间，幽州卢龙军节度使李匡威又对悯忠寺进行了修缮，并增建了一座面阔7间，高3层的"悯忠阁"。"悯忠阁"又名"念佛台"，也称"观音殿"。悯忠阁建成后，先前许许多多的将士牌位及一些碑刻就都移到了悯忠阁内珍藏。

悯忠台的台基高1米多，台的周围设有砖栏，殿宇建于台上，结构非常别致，外墙以12柱为架，室内以10柱支承。悯忠阁特别雄伟壮观，有"悯忠高阁，去天一握"的赞语。在当时，悯忠阁成了幽州城里的标志性建筑。

阅读链接

1660年末，顺治皇帝感到身体特别不适，于是下令免去一年一度的新年大朝庆贺礼，本来应该顺治亲自去太庙举行的除夕祭礼，也只好遣官代替。

正月初二，顺治强支着病体，把他宠爱的太监吴良辅送到悯忠寺落发为僧；初三日他又两次派太监到万善殿，传旨国师玉林秀为自己念经祷告。初四日朝中正式向大臣宣布皇帝患病。

当时，宫廷中撤去了因为过节才挂上的全部门神和对联，并向全国传谕："毋炒豆，毋点灯，毋泼水"，同时又下令释放除了十恶死罪外所有的在牢囚犯，以祝愿皇帝康复。但初七半夜时年仅24岁的天子顺治皇帝还是与世长辞了。

在王朝更替中悲悯前行

悯忠寺旧址

悯忠寺从唐太宗建起，在见证大唐王朝的兴衰历程中屡兴屡废。相传悯忠寺在辽宋时期的面积，前到后来的宣武区南横街，后至菜市口大街，东边到烂漫胡同，西边到教子胡同。

在辽代时期，幽州成了辽朝和宋朝争夺的战场，悯忠寺多次被毁。

直到辽宋划分边界，辽朝接手幽州城后，悯忠寺才得以重建。后来，悯忠寺又遭大火和大地震，损坏惨重，自唐代珍藏至当时的《无垢净光宝塔》碑也在大地震中倒塌。

在1070年，辽朝下令重修悯忠寺，历时14年大规模的重建到1084年，后来法源寺的规模和格局才基本确立了下来。

那时，辽朝将幽州升级为"南京"，也叫"燕京"，并在这里建了新城，而悯忠寺则位于新城的东方。

悯忠寺当时备受辽朝皇家的重视，辽朝将它改名为"大悯忠寺"，并钦定"悯忠寺"为皇帝举办法事的场所。

■ 北京法源寺石碑

辽帝多次在悯忠寺内斋僧建道场，北宋使者到南京，也往往住在悯忠寺，这里成了皇家重要的行馆。

这样一来，悯忠寺随着地位的提升，规模也更为宏大。当时寺内珍藏有辽朝从北宋掠夺来的木雕罗汉，这些罗汉身着交领袈裟，双眉紧锁，纵目远眺，双唇微抿，又像正努力捕捉某种缥缈的哲理。人物刻画逼真细致，栩栩如生。

除此外，辽代时期的悯忠寺还珍藏了许多著名的经幢碑刻。如刻于957年的《承进等为荐福禅师造陀罗尼经幢》，高115厘米，宽15厘米八面刻，面4行，行29字至31字不等。由唐代进士刘赞撰文和唐代书法家王进思楷书并刻字。

《承进等为荐福禅师造陀罗尼经幢》原在藏经楼前站台上。类似的经幢当时共有3座，中间的一座低，左右两边的经幢稍高，而此碑在西边处，后来它被移置到了悯忠台内。碑文内容为：辽悯忠寺故师姑

幽州 远古时代九州之一。幽州之名，最早见于《尚书·舜典》："燕曰幽州。"两汉、魏、晋、唐代都曾设置过幽州，所治均在今北京一带。又称燕州，我国历史古地名，上古称为"蓟"，蓟国的国都。指今北京中部和北部，也有指天津蓟县。

■北京法源寺石碑

临坛大德荐福大师敬造尊胜陀罗尼幢记。

《佛顶心观世音陀罗尼残经幢》刻于1043年，经幢高72厘米，宽20至12厘米不等。八面刻，第二、四、六、八面2行，其余4行，每行15字。

《佛顶心观世音陀罗尼残经幢》最早放置于悯忠寺的方丈前院，后来被移置到了悯忠台内。此碑上半截佚失，而下半截则留下了许多被人凿过的痕迹，还有少许的裂纹，或许经幢的石质较为坚固，所以后来一直没有断掉。

《燕京大悯忠寺观音菩萨地宫舍利记》刻于1094年，高60厘米，宽59厘米，16行，行17字，由沙门善制撰，门人义中正书，原来嵌在悯忠台东壁，后来移置到悯忠台内。碑文的内容为："获舍利余一万粒，封以金匮，贮以石函"和"上愿我国家长隆与威神"。

《大辽燕京大悯忠寺紫褐师德大众等》石函题名刻于1099年，高60厘米、宽9厘米。四面刻，共74行，行20至31字不等。严甫正书，王惟约刻。此碑原来在悯忠台殿前，后来移置到悯忠台内，碑文内容为"大辽燕京大悯忠寺紫褐师德大众等"。

《李公女陀罗尼幢》又名《李公女佛顶尊胜陀罗尼经幢》，刻于辽金时期，高98厘米，宽14至21厘米不等。八面刻。先经后记。正书。最早放置在悯忠寺戒坛前，后来放置在悯忠台内。

1125年，金灭辽后，金又再次扩大北京城的规模，在辽原建的旧城外面，又建了一个要大出旧城4倍的新城，这时候的悯忠寺在金王朝的北京城里处于偏东南方向位置。

后来，尽管以宋钦宗为首的北宋王朝丧心病狂地搜刮民财奉迎金，金仍然扬言要纵兵入城，并要求宋钦宗再次到金营商谈。

此时，北宋的吏部侍郎李若水等人也怂恿钦宗前往，宋钦宗不得不前赴金营。

宋钦宗到达金营后，金太祖的儿子根本不与他见面，还把宋钦宗安置到军营斋宫西厢房的3间小屋内。转瞬之间，宋钦宗从贵不可及的皇帝沦落为金人的阶下囚。

灭宋本是金人的既定方针，所以在1127年，金王朝废宋钦宗为庶人。宋徽宗等人被迫前往金营谈和。岂料，宋徽宗一到，金王朝立即逼迫徽、钦二帝脱去身上龙袍。从此，北宋灭亡。

金军在掳掠了大量金银财宝后分两路撤退。这一次，金朝俘虏了宋朝徽、钦两个皇帝以及后妃3000余人，宗室成员4000余人，民间美女3000余人，贵戚5000余人，各色工匠3000余人，教坊3000余人，共约2万余人，分批押回燕京，这就是

吏部侍郎 据汉尚书有常侍曹，主管丞相御史公卿之事。东汉改为吏曹，魏、晋以后称吏部，置尚书等官，清末废除，使其与内阁合并。

■ 宋钦宗（1100年—1156年），本名赵桓，在位一年多，他做事优柔寡断，反复无常，对政治问题缺乏正确的判断。靖康之变时被金人俘虏北去，于1156年病死于燕京。

■ 文天祥（1236年—1283年），南宋抗元英雄。文天祥以忠烈名传后世，受俘期间，元世祖以高官厚禄劝降，文天祥宁死不屈，从容赴义，其生平事迹被后世称许。

女真 是今满族、赫哲族和鄂伦春族等的前身。17世纪初建州女真部统一了女真诸部，至后来改女真族号为满洲，女真一词就此停止使用。后来满洲人又融合了蒙古族、汉族和朝鲜等民族，逐渐形成了今天的满族。

历史上著名的"靖康之耻"。

此后，宋徽宗被关在北京西北郊的大延寿寺，不久病死。宋钦宗及其他皇室成员则被关在悯忠寺。在悯忠寺，宋钦宗熬着痛苦凄凉的岁月。1156年，备受凌辱达数月的宋钦宗病死在悯忠寺。

1173年，金特意在悯忠寺做了一次女真进士的考场。在这里，曾有《礼部令史题名记》两碑刻于1178年，均由金代书法家党怀英撰写并正书，碑文内容为"礼部令史题名记"。这两通碑石，一通原嵌在悯忠台东壁，后来移到悯忠台内，另一通佚失了。

1215年，蒙古军队攻占北京，悯忠寺再次毁于战火。到了元朝时期，悯忠寺的大雄宝殿两旁分别安放着9尊青铜铸造的佛像，佛像手中分别持有宝物、如意、经卷、龙杖、莲花等物，身下坐骑有吼、独角兽、大象和狮子等各种吉祥兽，与众不同的是这9尊佛像都有胡须，这在汉传佛教造像中是非常少见的。

后来，元朝又重新修建了北京城，当时的悯忠寺被抛在了城外的西南角，但它作为囚禁汉族政治犯的传统却传承了下来。

1289年，南宋遗臣、诗人谢枋得抗元失败被元军所俘，后来就关押在悯忠寺。

据史载，谢枋得与南宋民族英雄文天祥是同科进士。由于谢枋得在殿试中攻击了当朝丞相，他在被贬为二甲后愤然抛弃功名。

1258年，蒙古大军进攻南宋时，谢枋得被召任命为礼兵部架阁，负责招兵抗元。

蒙军退兵后，由于权臣专权，谢枋得被贬官流放。直到1267年，他才终于回到家乡。

1271年，蒙古军队再入中原。谢枋得由于孤军奋战而失败，便隐姓埋名，弃家逃亡福建，在江湖上算命。后来，他因不愿意用元朝官府发放的救济款，而藏匿到了福建的武夷山中。

在武夷山期间，他常常面向东方痛哭，以悼故国。那时，他的妻子、次女和两个婢女都宁死不屈自尽，他的两个兄弟和3个侄子也被元军迫害致死。

元朝统一全国后，为了笼络汉人，元朝派人到江南访求宋朝的遗士，希望他们能为元朝所用。寻访名单开出来的有30人，谢枋得就是其中之一。

据传说，元朝官员曾先后5次劝请他去做官，都被他拒绝。谢枋得还写下《却聘书》：

人莫不有一死，或重于泰山，或轻于鸿毛，若逼我降元，我必慷慨赴死，决不失志。

■ 谢枋得画像

1288年冬天，大雪纷飞，福建行省参政奉元帝之命，强迫谢枋得北上大都。但谢枋得从出发北上那天起，就开始绝食。

后来，为了能活着到大都，见见被元军俘虏的谢太后和宋恭帝，谢枋得才开始每天吃上少量的蔬菜水果维持生命。当时，谢枋得虽然形容枯瘦，但仍精神抖擞，慷慨赋诗赠别亲友。

谢枋得一到大都，他就问明太皇太后谢氏坟墓和宋恭帝所在的方向，恸哭再拜。于是元朝就下令把谢枋得拘押到悯忠寺。正巧，谢枋得当时住的那间屋里，墙上镶嵌了一通纪念曹娥的碑。

■ 悯忠寺《孝女曹娥碑》

当谢枋得看见墙壁上的那通《孝女曹娥碑》，想到为寻找父亲的尸体，14岁就自杀了的汉朝女孩曹娥时，谢枋得老泪纵横：

宋恭帝（1271年—1323年），本名赵㬎，他在即位前曾被封为嘉国公、和左卫上将军等，后被元朝所俘封为瀛国公，最后去西藏成了高僧，为佛教界做出了许多贡献，翻译了不少佛教经文。

小女子犹尔，吾岂不若汝哉！

至此，谢枋得坚定了以死抗争之心，并进行绝食斗争。元朝派医生送米饭和药汤请他喝，他一面怒骂，一面将药罐拂在地上。

谢枋得最终在悯忠寺绝食5天后，为国尽节，至死未降为元臣。

谢枋得在遗书中自称：

谢太后画像

　　大元制世，民物一新，
宋室孤臣，只欠一死。某所
以不死者，以九十三岁之母
在堂耳，先妣以今年二月，
考终于正寝，某自今无意人
间事矣！

　　后来，世人因钦敬谢枋得为
国尽节的高尚情操，专门在悯忠
寺旁边的西砖胡同为谢枋得建立了"谢叠山祠"祠堂，以便后世人永
远纪念他。

阅读链接

　　1126年，作为人质的北宋肃王和大臣沈元用被金朝软禁在了"悯忠寺"。有一天，肃王和沈元用在寺中散步时，看到寺内有一通唐代石碑，碑上刻了2000余字，而且对仗非常工整。沈元用自恃聪明，想在肃王面前显示一下过目不忘的本领，便将碑文用心记下。而此时的肃王因身处他乡，毫无心情浏览，只是泛泛地看了看碑文。

　　回到寓所后，沈元用立即把所记碑文全都默写了下来。但让沈元用出乎意料的是，当他将默写好的碑文呈给肃王时，肃王不但信手又补上了14个字，还将沈元用所书错误之处一一改正。沈元用看得目瞪口呆，暗自去看了一遍，肃王所改果真精准无误。从此，沈元用对肃王佩服得五体投地。

明朝悯忠寺易名为崇福寺

皇家寺院

御赐美名的著名古刹

明朝建立后，明重建的北京城变成了一个方形的新城。那时候的悯忠寺，还在北京城外的西南角，但离北京城的距离相比元代时近了不少。

由于元末明初历年战火，悯忠寺被破坏殆尽，几度沦为民舍。

在当时，原本僧侣出身的明朝开国皇帝朱元璋考虑到农民利用宗教起义的历史事实，就施行了律宗制度，对当时的佛教进行了严格整顿。

律宗制度充分保障了佛教在明朝治下的安定环境中的正常发展。

律宗制度其实是唐朝时佛教内部为实行统一的戒律以加强组织，而由唐朝律僧道宣创立的一个以"心识戒体论"为主体的宗派。

所谓"戒体"，指弟子从师受戒时，授受的做法，在心理上构成一种防非止恶习的功能。

律宗把戒分为止持、作持两门："止持"是"诸恶莫做"，规定比丘持 250戒，比丘尼持348戒；"作持"是"众善奉行"，包括受戒、说戒和衣食坐卧的种种规定。

明朝时期，悯忠寺曾经历4次修缮，其中第一次大规模的维修与扩建奠定了当代法源寺的基础。

据传说，明成祖朱棣在位期间曾特别欣赏悯忠寺，甚至在皇宫里建御花园时还模仿了悯忠寺的建筑式样。

到了明英宗，太监受到皇帝重用，势力很大。当时的司礼监太监在替皇帝送佛经到悯忠寺时，听住持讲述了寺庙悠久的历史以及当时无力重修的难处之后，遂发动了许多巨阉牵头出资重建了寺院。

这次悯忠寺重建后，司礼监太监又以"仰祝皇图巩固，圣寿万年"为由，请皇帝御笔赐名为"崇福寺"。这样一来，悯忠寺实际上变成了司礼太监们的私产。

据碑刻论著《法源寺贞石录》记载：《重建崇福禅寺碑记》刻于1442年，而《敕谕、敕赐崇福禅寺碑》则刻建于1445年，后来在"崇福寺"设置的日晷

明成祖朱棣画像

明英宗 （1427年—1464年），本名朱祁镇，他即位后社会经济有所发展。但他过分宠信太监，导致明代宦官专权之端。后来，他在土木堡战败被俘获释后，被软禁于南宫，后因大将石亨等拥戴而复位。

太监 也称宦官，通常是指我国古代被阉割后失去性能力而成为不男不女的中性人，他们是专供皇帝、君主及其家族役使的官员。又称寺人、阉人、阉官、宦者、中官、内官、内臣、内侍、内监等。

■ 法源寺寺门

则刻建于1504年。

在1575年，一尊由"崇福寺"住持所造，并署款刻有"万历三年"和"崇福寺"字样的铸铁宝鼎在崇福寺诞生。1606年，崇福寺刻建了《重修崇福寺碑》。1641年，崇福寺又刻建了《敕赐崇福寺碑记》放置于大雄宝殿前。

那时候的崇福寺面积小，但布局却很严谨，是典型的中轴线对称格局，坐北朝南。从山门到藏经楼长达230米，正中院50米宽，再加上两边禅院大约50米宽，都是明朝重建后的规模，而且当时各个殿堂都珍藏了许多宝贵的文物。

天王殿内正中供奉着的弥勒菩萨像和两侧的护法韦驮像与四大天王像，均为明代铸造的铜像，珍贵异常。据印度传说，弥勒菩萨原是佛教未来佛，他要在去世800万年以后，才能再降生于来世成佛。但我国传说，五代时期在浙江奉化有一位布袋和尚，临终时说了一首偈语：

弥勒真弥勒，
分身千百亿，
时时示世人，
世人自不知。

后来，人们认为弥勒菩萨就是布袋和尚的化身，因而在我国汉传佛教寺院天王殿里，人们经常看到一个大肚且笑口常开的弥勒形象。

这个形象告诉我们：

大肚能容容天下难容之事，
开口便笑笑世间可笑之人。

在崇福寺天王殿中的布袋和尚铜像，造型袒胸露怀，表情欢天喜

法源寺天王殿

御赐美名的著名古刹

■ 韦驮　又名韦驮天，本是婆罗门的天神，后来被佛教吸收为护法诸天之一。在我国寺院中通常将他安置在天王大殿弥勒菩萨之后，也就是面对着释迦牟尼佛像。

帝释天　佛经上说，佛教主释尊下生时，他就在释尊的左前方，手执宝盖，为释尊引路。后来，释尊成为佛教主后，他也就成了释尊的守护神，称为帝释天。

地，是明代铜造像中的经典之作。

在弥勒佛背后的坐像是勇猛威严的护法神韦驮，为明代青铜所铸，高1.7米。韦驮身穿盔甲，手持宝杵。据传说，韦驮菩萨原只是南方增长天王的八大神将之一。后来成为汉传佛教寺院的护法神。

一般来说，韦驮菩萨像都是站立像，但相传南方有一寺院因为韦驮菩萨显灵，为寺院化缘解救了僧人的吃饭困难，方丈为了感激韦驮菩萨，便请其坐下休息，所以后来有的寺院就塑了坐像。

天王殿两侧是明代青铜所铸的四大天王像，十分珍贵，皆高1.2米。据传说，四大天王为佛教人物帝释天的天将。四大天王居住在须弥山半山腰，在佛教的宇宙观中以须弥山为中心，周围有四大洲，地球处于南赡部洲。须弥半山腰为四大天王，须弥山顶为帝释天，再上为兜率天，再上为四禅天。

在四大天王中，东方名持国天王，手持琵琶，表示国泰民安；南方名增长天王，手持宝剑，表示善根增长；西方名广目天王，手缠一龙，表示降妖除怪；北方名多闻天王，手持伞盖，表示风调雨顺。

天王殿后面的大雄宝殿正中供奉着"华严三圣",即毗卢遮那佛像,文殊像和普贤菩萨像,均为明代木质造像,贴金罩漆制作而成。大雄宝殿正中的毗卢遮那佛端坐在须弥座上,像高2米,后有光环,通高约4米。

在毗卢遮那佛左右两侧,分别站立着文殊和普贤两个菩萨,像高2米。这3尊塑像,妙像庄严,雕制精美,在明代塑像中堪称上乘,在北京寺庙中少见。

另外大雄宝殿有:西方三圣,中间是阿弥陀佛,左边是观音菩萨,右边是大势至菩萨;东方三圣,中间是药师佛,左边是日光菩萨,右边是月光菩萨。

在大雄宝殿大殿门东侧有一口明朝嘉靖年间青铜所铸的"报钟"。因其钟有早晚集合大众上殿诵经和报时的作用,所以人们称该钟为"报钟"。

净业堂又叫"毗卢殿"。"毗卢遮那"是梵语,全名"清净法身毗卢遮那佛",译为"遍一切处"的

须弥山 又译为弥楼山。古印度神话中位于世界中心的山,位于一小千世界的中央。佛经中,一千个一世界称为一小千世界,一千个小千世界称为一中千世界,一千个中千世界为一大千世界,总称为三千大千世界。

四禅天 指修习四禅定而得生色界天之处所,或成为色界天中的天人。在现世中修初禅者,其果报可得生初禅天。

■ 法源寺大雄宝殿

皇家寺院

御赐美名的著名古刹

■ 恭王府 位于北京市西城区前海西街，因清末重要政治人物恭亲王奕訢成为这所宅子的主人后，宅名恭王府而沿用至今。恭王府是我国现存王府中保存最完整的清代王府，它代表着我国的王府文化。

意思。"毗卢殿"就是因殿内供奉着一尊明代通体铜铸的巨制毗卢遮那佛像而得名。毗卢遮那佛像高3层，整座佛像古朴、精美。

毗卢遮那佛像的最上层是安坐在须弥座上的佛的法身毗卢遮那佛；中层面向东西南北各一尊佛，也叫五方佛；最下一层是佛的化身，千百亿化身释迦佛，也叫千佛莲花宝座，是毗卢遮那佛的莲花座，有千叶莲花，每一莲花上化现一佛，形成了"千佛绕毗卢"的景象。

毗卢殿两侧的廊庑向中间靠拢，中轴线的通道改由两侧的狭道通往纵深，廊庑外观以青砖灰瓦为主，再配上硕大的方格窗户和大门，格外古典大方。属稀有之物。据传说，明万历年间大玉海和底座流落到西华门外真武庙，成了道士的腌菜缸。后来被移置到法源寺。

在大悲坛内，又增添了木雕伏虎罗汉像。藏经楼的大殿则全部用青砖铺地，楼内珍藏有明时所刻的藏

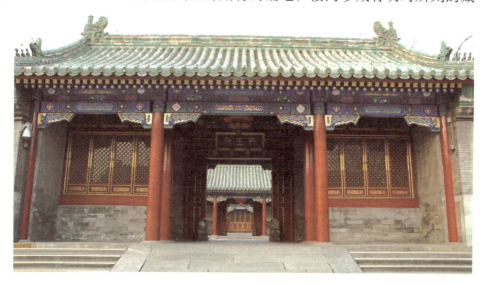

经。楼上供奉着大士像，为木胎干漆所制，是明代造像艺术精品。

在明朝，崇福寺的花儿从海棠、牡丹到丁香，崇福寺的这些花卉在历史上一度引领北京养花的时尚。那时候，崇福寺寺院中遍种丁香树，花开时节，香飘数里，为京城艳丽胜景。

由于丁香花开，洁白胜雪，花香四溢，因而有人赞崇福寺内丁香花盛况为"香雪海"。加之后来慕名而来到崇福寺内吟诗作赋者甚多，丁香诗会便在崇福寺内渐渐形成了。后来的丁香诗会就是始于明代崇福寺，而悯忠高台就是当时吟诗的场所。

每年4月，络绎不绝的诗人和画家甚至是普通市民相约崇福寺，他们主动走上吟诗台吟诵自己的作品，配合着古筝悠扬的韵律和崇福寺内丁香盛开的香气，使整个崇福寺几乎成了诗歌的海洋。

■ 渎山大玉海 是元世祖忽必烈下令由大都皇家玉作完成，其制作意图是为了反映元代国势的强盛。它是我国现存最早特大型玉雕，它代表了元代玉作工艺的最高水平，也预示了明清时代又一个玉作高峰的到来，被《国家人文历史》评为镇国玉器之首。

阅读链接

明末著名抗清将领袁崇焕被崇祯皇帝以多种罪名凌迟3天而死后，他的尸骨被剁为了肉粉。当时，老百姓并不了解其真相，几乎都以为他是叛国卖国的乱臣贼子，纷纷以能吃到他的肉为光荣。

那时候，只有袁崇焕曾经的一位佘姓部下相信他是被冤枉的，并冒着生命危险趁黑夜潜入法场，将袁崇焕残存的骨肉收集了起来，偷偷运到北京法源寺停灵以及做简单的法事。

清朝雍正皇帝赐名法源寺

　　清朝立国后，清世祖延续明朝律宗制度，在法源寺增建了戒坛，传授戒法，以宣扬"诸恶莫做"和"众善奉行"的律宗教义对人民进行"治心"。后来，康熙年间中又重修了藏经楼。

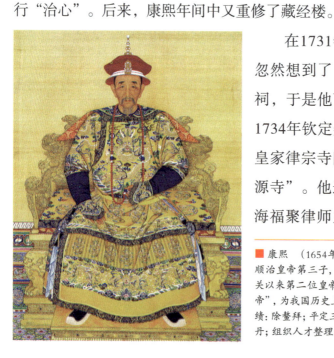

　　在1731年，清世宗雍正皇帝忽然想到了"崇福寺"这座忠烈祠，于是他下令大修崇福寺，在1734年钦定崇福寺为专司戒事的皇家律宗寺院，并且赐名为"法源寺"。他还请来江南宝华山永海福聚律师主持法源寺，从此法

■ 康熙（1654年—1722年），爱新觉罗·玄烨，顺治皇帝第三子，清朝第四位皇帝，也是清军入关以来第二位皇帝，年号"康熙"，通称"康熙皇帝"，为我国历史上的最成功的帝王之一。重要政绩：除鳌拜；平定三藩；收复台湾；讨伐准格尔葛尔丹；组织人才整理和编辑《康熙字典》。

源寺成为北方佛教律宗传播的中心，长盛不衰。

1778年，乾隆皇帝亲自到此进香，他有感于法源寺悠久的历史，诏令再次整修。大雄宝殿的重修历时两年，修成后十分雄伟庄严，简直气势非凡。

1780年，法源寺大修竣工后，乾隆皇帝又亲临法源寺，为法源寺亲书经文，还写下了诗句：

最古燕京寺，
由来称悯忠。

并御书"法海真源"匾额赐寺，从此奠定了法源寺成为北京第一刹的地位。

"法海真源"匾后来一直悬挂在大雄宝殿上，其意义表露得很明白，即：千条万条戒律、刑律，都是"流"，内心存诚才是"源"。

从宗教本身的意义来讲，弘扬佛教，追本溯源，首先就要抓住律学，从而突出了法源寺作为佛教律宗寺庙的重要地位。

后来，随着法源寺的烟火鼎盛，附近的人烟也更密集，同时在法源寺南边也出现了一些义地和荒冢。许多外地来京者，有死在北京后不能归葬的，就都一一埋在这边了。

■ 乾隆（1711年—1799年），爱新觉罗·弘历，雍正皇帝第四子，清朝第六位皇帝，也是清军入关以来第四位皇帝，年号"乾隆"。他在位61年。重要政绩：组织人才整理和编辑《四库全书》；乾隆皇帝亲自带部队上战场，保卫并扩大了中国的疆域领土，使中国的领土面积达到了中国历史上的顶峰；征服蒙古，并设"蒙古八旗"。

■ 法源寺内的鼓楼

扬州八怪 是我国清代中期活跃于扬州地区一批风格相近的书画家总称，或称扬州画派。是指金农、汪士慎、黄慎、李鱓、郑燮、李方膺、高翔、罗聘8位画家。他们的作品不追随时俗，风格独创，并且有违人们欣赏习惯，人们觉得新奇，也就感到有些"怪"了。

有的能归葬的，一般都先把棺材停在法源寺里的空房。但有时候有的灵柩放很久没人过问，法源寺的和尚们就只好就地处理，将其沦入荒冢了。因此，"法源寺"的和尚，除了本身的出世修行外，他们还在人们生前解决人神问题和死后处理人鬼等问题。

清末维新志士谭嗣同和梁启超曾在法源寺邂逅，两人随同学者康有为积极参与戊戌变法，直到变法失败，谭嗣同从容就义。在被捕前不久，谭嗣同还曾到过法源寺。

1898年，著名的"戊戌六君子"中的谭嗣同等6人被杀后，其灵柩就曾停于法源寺的后房里。在近现代以来，法源寺曾是北京城内最大的停灵寺院之一，还一度被军队占用过。

清朝时期的法源寺主要建筑有山门、天王殿、大雄宝殿、悯忠台、无量殿、大悲坛、藏经阁、大遍觉堂、钟鼓楼和东西廊庑等，共七进六院。其布局严谨，宽阔广大，是北京城内历史最为悠久的古寺庙建筑群。

在山门的左右两侧分别耸立着钟楼和鼓楼。天王殿院落的文官果树是落叶灌木，在清乾隆年间已成高树了。当时著名画家扬州八怪之一的罗聘在京时曾来游过法源寺，他曾题诗：

首夏入香刹，
奇葩仔细看，
僧原期得果，
花亦爱名官。
朵朵红丝贯，
茎茎碎玉攒，
折来堪着句，
归向胆瓶安。

因文官果树的花瓣为白色，基部有一斑点，起初黄色后变为红色，其果实可食，其味甘美，淡中有甜，所以诗云"红丝"和"白玉"。

天王殿院落铁铸宝鼎是佛教寺院用来作焚香之

鼎 是我国青铜文化的代表。鼎在古代被视为立国重器，是国家和权力的象征。鼎本来是古代的烹饪之器，相当于现在的锅，用以炖煮和盛放鱼肉。自从有了禹铸九鼎的传说，鼎就从一般的炊器而发展为传国重器。一般来说鼎有三足的圆鼎和四足的方鼎两类，又可分有盖的和无盖的两种。有一种成组的鼎，形制由大到小，成为一列，称为列鼎。

■ 天王殿铁铸宝鼎

■ 法源寺大雄宝殿
前的石碑

香炉 即是焚香的器具。用陶瓷或金属作成种种形式。其用途亦有多种，或熏衣、或陈设、或敬神供佛。我国香炉文化的历史可以追溯到商周时代的"鼎"。香炉起源于何时，尚没有定论。古代文人雅士把焚香与烹茶、插花、挂画并列为四艺，成为他们重要的生活内容。

用，和香炉是相同的作用。此鼎上刻有八卦，署款"庚戌年乙酉月"和"慈宁宫"字样，是雍正年间所造，后来从故宫移到了法源寺里。

天王殿院锡梵大师碑，是北京当地的老百姓为当时主持于法源寺下院大悲寺的锡梵大师所立。因八国联军入侵北京之时，锡梵大师为了救当地百姓，只身一人与八国联军军官谈判，因为他懂英文，所以才使当地百姓免遭外军的蹂躏，百姓为了感谢故立此碑。

大雄宝殿大殿两侧为十八罗汉坐像，像高1米多，木胎贴金，为清朝制品。

大雄宝殿屋檐下种满了翠竹，清时的石碑依次分列两侧，石碑上方雕龙盘绕，气势磅礴。石碑就立于乌龟台上，乌龟奋力抬头，作匍匐前进之状，仿佛不堪重负。

那时，悯忠台院除明时刻建的碑刻外，有《法源八咏》、《心经》、《御制法源寺碑文》、《般诺波罗密多心经》、《京都古悯忠今法源寺龙王菩萨灵井记》、《关圣帝君觉世真经 乾隆五十九年秋》、《西方接引佛像赞》和《吴道子画观音像》等众多碑刻。

在乾隆御笔"心经"文下刻画有佛菩萨像，还有一具汉白玉石雕香炉，原本是天坛东门外法华寺的香炉，属于清乾隆年间所造，置款"乾隆五十八年"字样，并刻有"法华寺"字样。须弥底座、层层重檐，雕镂精致，刀法细腻，为石制香炉中极少有的精品，也是不可多得的艺术珍品。

悯忠台后的殿堂净业堂，又叫毗卢殿。堂前有一巨大石钵，双层石座，周围雕着海水花纹和山龙、海马及八宝等形象，雕刻极为精美，可与北海团城的渎山大玉海媲美。

相传大玉海原为元世祖忽必烈摆放在广寒殿用作酒缸，在明代流传到西华门外的真武庙，后来清朝乾隆年间，乾隆帝发现了大玉海，并将其运到北海团城的承光殿中安放，但底座留在了真武庙。后来，乾隆帝下令按照大玉海的样子雕刻了一个石海放在真武庙原先的底座上。

法源寺内收藏了众多名贵的佛教典籍及艺术品，特别是大悲坛内陈列的大量佛经，数量众多、版本珍贵。如东汉时代的陶

真武庙 也就是玄武庙，位于北京回龙观黄土东村，该庙创建于明末清初，历史上游人香客云集，香火很盛，现为北京市重点文物保护单位，是昌平区保留最完整的明清时期古建筑。

■ 元世祖 （1215年—1294年），本名孛儿只斤·忽必烈，他是元朝的创建者和蒙古民族光辉历史的缔造者，也是蒙古族卓越的政治家和军事家。

■ 龚自珍 （1792年—1841年），清代思想家、文学家，以及改良主义的先驱者。他主要著作有《定庵文集》，留存文章300余篇，诗词近800首。其著名诗作《己亥杂诗》共315首。

何绍基 晚清诗人、画家和书法家。精通经史和小学金石碑版。他的书法融汉魏而自成一家，尤长草书。

佛座像，还有东吴时代的陶魂瓶、北齐石造像、唐石佛像、五代铁铸佛像、宋木雕罗汉、元钢铸观音、明木雕伏虎罗汉等。

在大悲坛中央悬挂有一块康熙亲赐的"存诚"御匾，这块匾额是康熙皇帝的御笔，意思是做人无论是对事还是对人，都要在内心保存一颗真诚的心，才能不愧于天地。

法源寺的最后一进殿堂是藏经楼，又称卧佛殿。在卧佛殿内有3个景泰蓝的舍利塔，建于乾隆年间。这3个塔3种不同形状，分别代表着我国藏传佛教、巴利语系佛教和汉语系佛教的三大语系。

在藏经楼内珍藏着清代时期所刻藏经。藏经楼分上下两层，为木制建筑，楼前有数百年古银杏一株，直径1米有余，树冠几乎覆盖了整个院落；台阶前种有两株西府海棠，苍翠欲滴，枝干相互依偎，如竹林一般壮观。

两株西府海棠种于乾隆年间，清代思想家、文学家及改良主义的先驱者龚自珍曾著《减兰》词云：

人天无据，被侬留得香魂住。如梦如烟，枝上开花又十年。

十年千里，风痕雨点斓斑里。莫怪怜他，身世依然是落花。

千里之外，连残瓣都被诗人珍惜，可见法源寺海棠花的魅力！

清代的法源寺以其花木见胜，誉满京都。寺内种植的牡丹达百余种，每当花开时，万紫千红，十分艳丽。加之寺内的丁香极负盛名。尤其清代康熙和乾隆之后，法源寺更是以花事驰名京城。

当时赫赫有名的纪晓岚、洪亮吉、黄景仁、何绍基、龚自珍、林则徐和名噪一时的宣南诗社，都在这里留下过足迹和诗篇。

如果说洪亮吉的"法源寺近称海棠，崇效寺远繁丁香"只是赞美海棠的话，那么著名清代诗人杨懿年的"红蕊珠攒晓露团，朱霞白雪簇雕鞍"则将丁香花

宣南诗社 清朝嘉庆、道光年间北京的诗人组织。经常活动于北京宣武门南。初名消寒诗社，建立于1804年，参加者都是1802年的同榜进士，当时他们都在翰林院供职。宣南诗社除作诗以外，也讨论经学。

■ 纪晓岚（1724年—1805年），本名纪昀，因其"敏而好学可为文，授之以政无不达"，所以在他死后，皇帝赐他谥号"文达"，民间尊称他为"文达公"。

御赐美名的著名古刹

赞美得玲珑精细。

著名清代诗人黄景仁在去世前曾住在法源寺养病近3年，当时他的好友洪亮吉经常到庙中去看他。《卷施阁诗集》收有《法源寺访黄二病因同看花》七古云：

> 长安城中一亩花，
> 远在廛西法源寺，
> 故人抱病居西斋，
> 瘦影亭亭日三至。
> 一丛两丛各称心，
> 前年去年看至今，
> 今年花盛病亦盛，
> 转恐病久花难寻。

阅读链接

在法源寺毗卢殿后门的台阶上镶嵌4块小型金块，俗称为"金台阶"，相传是乾隆年间进贡到皇宫的，后乾隆皇帝赐予法源寺。"金台阶"象征佛教极乐世界的实报庄严，《弥陀经》云："极乐世界有七宝池八功德水，池中皆以金沙布底，两边皆用金、银、琉璃等宝物合成。"

"金台阶"是表示佛教"接引上金阶"的含义。另外，"金台阶"与"丁香"和"七井"并称为"法源寺三绝"，相传乾隆年间北京大旱缺水，当时法源寺住持天月大师，就地挖井取水，感龙王菩萨显灵，而得甘甜之水，众生皆惊叹此乃龙王菩萨之显灵。所以法源寺西边有"七井胡同"因此而得名。

大相国寺

大相国寺位于开封市中心，红墙碧瓦，殿宇巍峨。寺内有"汴京八景"之一的相国霜钟，更有美誉天下的"相国十绝"。

大相国寺原名建国寺，是我国著名的皇家寺院，也是十大历史名寺之一。它始建于555年，因受帝王崇奉，地位如日中天，是我国历史上第一座"为国开堂"的"皇家寺院"。大相国寺历史上曾屡兴屡废，其鼎盛时期为中外佛教及文化交流的中心，深为海内外佛教界所瞩目。

睿宗感梦遂建大相国寺

相传，大相国寺原为战国时期魏国公子信陵君无忌的故宅，后来却荒废了。555年，北齐在此兴建了寺院，并取名建国寺，后因兵灾被毁。

在唐初，大相国寺是歙州司马郑景的宅园。701年，慧云和尚寄宿安业寺，发现原郑景宅池内有楼殿幻影，认为此地很有灵气，便打算在这里建寺。

弥勒佛佛像

706年，慧云和尚将在歙州募铸的一尊高一丈八尺的精美弥勒佛像运到汴州。711年，他又募购郑景宅园重建建国寺，并把佛像安置于此。

慧云和尚原本是

以"福慧寺"为名建寺的，但在挖掘地基时，掘得一块"建国寺"的古碑。在这块古碑上，不仅详细记载了当年"建国寺"建寺的情况，还特别强调了该地是信陵君故宅的历史事实。慧云和尚得知此地有如此非凡的历史渊源，便决意废弃寺名"福慧寺"，而用原名"建国寺"。

712年7月，正在寺院建设时，唐睿宗宣诏，不得再建新寺。于是，建设中的建国寺被迫停工了。就在朝廷命官前来拆除寺院时，慧云和尚忍不住在弥勒像前痛哭失声，他焚香祷告说，若与此有缘，当现奇瑞，策悟群心，以保全寺院。

说来也奇怪，弥勒佛像头上忽放金光，照亮了天地。百姓听闻后，都感叹不已，争相前来瞻礼。见此情形，朝廷命官就把实际情况奏报了唐睿宗。

更奇怪的是，唐睿宗也正好梦见了弥勒佛，于是他就下令当地州府官吏不得烦扰建国寺。加之唐睿宗考虑到自己曾经被封为"相王"，便下诏改"建国寺"名为"大相国寺"，并御书匾额"敕建大相国

司马 在殷商时代就开始设置，主要掌握军政和军赋，在春秋和战国时期沿袭设置。汉武帝时设置大司马，作为大将军的加号，后又作为骠骑将军的加号。隋唐以后为兵部尚书的别称。

汴州 古地名。今开封市，古称梁、汴，又称汴梁，简称汴，河南省辖市，我国七大古都之一。在漫长的历史长河中，开封素以物华天宝、人杰地灵而著称，其政治、经济、文化的发展，不但对中原地区而且对全国曾产生过巨大的影响。

■ 大相国寺大雄宝
殿内佛像

壁画 墙壁上的艺
术，人们直接画
在墙面上的画。
作为建筑物的附
属部分，它的装
饰和美化功能使
它成为环境艺术
的一个重要方
面。壁画为人类
历史上最早的绘
画形式之一。如
原始社会人类在
洞壁上刻画各种
图形，以记事表
情，这便是流传
最早的壁画。至
今埃及、印度、
巴比伦、中国等
文明古国保存了
不少古代壁画。

寺"，作为他旧封相王的纪念。由于唐睿宗的赐额命
名，受到历代帝王的大力崇奉，大相国寺就成为了当
时汴州最大的寺院，声名显赫，信徒遍天下。

唐代著名书法家李邕在《大相国寺碑》中曾对当
时大相国寺的盛况作了如下描述：

棋布黄金，图拟碧络，云廊八景，雨
散四花，国土盛神，塔庙崇丽，此其极也。
虽五香紫府，太息芳馨，千灯赤城，永怀照
灼，人间天上，物外异乡，固可得而言也。

唐代大相国寺的佛像、碑额、壁画等，被称之为
"相国十绝"，这在许多相关典籍中均有记载。其中
宋代著名书画鉴赏家和画史评论家郭若虚在《图画见
闻志》卷五中有"相蓝十绝"的记载：

《大相国寺碑》，称寺有十绝。

其一，大殿内弥勒圣容，唐中宗朝僧惠云于安业寺铸成，光照天地，为一绝；

其二，睿宗皇帝亲感梦，于延和元年七月二十七日改故建国寺为大相国寺，睿宗御书牌额，为一绝；

其三，匠人王温重装圣容，金粉肉色，并三门下善神一对，为一绝；

其四，佛殿内有吴道子画文殊、维摩像，为一绝；

其五，供奉李秀刻佛殿障日九间，为一绝；

其六，明皇天宝四载乙酉岁，令匠人边思顺修建排云宝阁，为一绝；

其七，阁内西头有陈留郡长史乙速令孤为功德主时，令石抱玉画《护国除灾患变相》，为一绝；

其八，西库有明皇先敕车道政往于阗国传北方毗沙门天王样来，至开元十三年封东岳时，令道政于此依样画天王像为一绝；

其九，门下有瑰师画《梵正帝释》及东廊障日内有《法华经二十八品功德变相》，为一绝；

陈留 有着悠久的历史和丰富的文化资源。战国时期属郑国，名留地，后被陈国所并，更名为陈留。秦置县，汉设陈留郡，晋朝为陈留国，隋朝为郡，明清为县。1984年建陈留镇。

■ 吴道子 （约680年—759年），唐代画家。他从事壁画创作，后以善画被召入宫廷。他擅长佛道、神鬼、人物、山水、鸟兽、草木和楼阁等绘画，尤精于佛道和人物的壁画创作。

■杨惠之 唐代著名雕塑家，擅塑罗汉像，首创将人物安排在山石壁上背景中的壁塑样式。他在肖像雕塑上造诣很深，相传他曾为长安著名艺人留杯亭塑像，人们从像的后面就能认出是留杯亭。

车道政 唐代画家，尤其擅长绘画佛像，迹简而笔健。他于713年到741年时受皇命到西域一带传授北方毗沙门天王像的画法技巧，后又在大相国寺作画，他的画壁称一绝。

其十，西库北壁有僧智俨画《三乘因果入道位次图》，为一绝也。

从以上关于"十绝"的记载，我们可以看到，唐代的大相国寺确实留下了许多文物古迹。

惠云和尚募铸的弥勒佛像是大相国寺最著名的一宝，其金像彩绘是精工妙技为当时绝手的善于装饰彩画的王温所装饰。那时人们称他所装饰的金像彩绘圣容，具有各种大慈大悲的神态，因而被赞为大相国寺的"十绝"之一。

唐代著名雕塑家杨惠之所塑佛像，在唐代与吴道子的画齐名，当时有人称"道子画，惠之塑，夺得僧繇神笔路"。杨惠之在大相国寺净土院大殿所塑佛像，直到宋代尚且存在，有关古籍均有记载。

唐代大相国寺的壁画非常出名，其中有吴道子画的文殊和维摩像，唐代著名画师石抱玉画的《护国除灾患变相》，唐代著名佛像画师车道政画的《北方毗沙门天王》，唐代著名画师环师画的《三乘因果人道位次图》等。

除此以外，唐代大相国寺还藏有不少著名的书画作品，如唐代书法家李邕的墨宝和唐代杰出画家韩干的画作等，均精美绝伦。

唐代大相国寺所建的佛阁和佛塔等，也非常有名。其中有著名佛阁名叫排云宝阁，别称宝阁、大阁、重阁或后阁，始建于745年，阁高100米，特别雄伟。寺内东西两塔分别名为普满塔和广愿塔，建于唐肃宗至唐代宗年间。

唐代诗人刘商曾以《登相国寺阁》为题，写下了如下的诗句：

晴日登临好，

春风各望家。

垂杨夹域路，

客思逐扬花。

唐代大相国寺的建筑，宏伟精美，莫测高深。连后来宋代著名建筑大师喻浩也赞叹不已，自觉无法理解其中的奥妙。他在有关著述中说：

每至其下，仰而观焉，立极则坐，坐极

则卧，求其理而不得。

可惜到了唐昭宗年间，一场大火使得大相国寺的山门、佛殿和排云阁等400余间建筑皆付之一炬。过了不久，高僧贞峻募化修葺，分立十院，逐步恢复了旧貌。

刘商　唐代诗人和画家，能文善画，诗以乐府见长。刘商的诗歌作品很多，代表作有《琴曲歌词·胡笳十八拍》。刘商著文之外，爱画松石树木，气度高雅。

唐昭宗（867年—904年），本名李晔，他是一个聪明而又有才能的人，他充分了解阻碍恢复唐朝力量和权威的形势，但是唐朝已经积弱难返，他已回天无力。

■ 大相国寺内石刻

唐代的大相国寺，在中日佛教文化交流史上占有重要的地位。中国佛教自大相国寺经朝鲜半岛传入日本后，到了隋代双方就开始直接交往。

804年，日本真言宗创始人弘法大师空海随第十七次遣唐使赴唐，在长安青龙寺随密宗大师惠果学习密法。后来又在大相国寺得到惠仁大师的密法传承，并留有描述寺院面貌的笔记。

空海回到日本后，不仅开创了日本佛教东密一派，而且用汉字草书的偏旁，参照梵文音符，制成了《伊吕波歌》，成为日文字母的创始人之一。

空海在我国学习佛法和文字，在中日佛教文化交流史上起到了重大的桥梁作用。他描述当时大相国寺面貌的日记，使得当时日本信徒对我国开封大相国寺有了较为清楚的认识。

皇家寺院
御赐美名的著名古刹

阅读链接

在唐朝，刚刚出道的画家吴道子在老师的大力引荐下来到了大相国寺。老方丈同意让吴道子在寺内画一幅壁画，但吴道子深感在人才济济的大相国寺留墨非同一般，数月下来竟没敢动一笔。

有一天夜里，在月光下踯躅的吴道子忽然看见了自己飘动的影子。他抬头仰望苍穹，只见当空的明月正射出万道光华。此时，吴道子的神思喷涌而出。他快步跨入大殿，在壁上一挥而就。

第二天清晨，老方丈与众僧进殿，忽然感觉凉风习习，定睛一瞧才发现，这风竟然是《文殊维摩菩萨像》画中菩萨的衣带所生。老方丈不禁惊呼："真乃神来之笔，吴带生风。"吴道子因此画名扬天下，遂被誉为"画圣"。

受帝王重视辟为仪式之地

大相国寺经过唐代多次修建，寺宇宽广，风景优美，是历代文人学士往来之处。寺内高僧辈出，香火繁盛，为历代帝王所重视，因此后来便被开辟为重要仪式的举行之地。

在五代时，有高僧遵诲用劝说的方式向佛家弟子募集到《华严经》一部，并镌刻于佛殿的3面壁上，在当时影响特别大。在后周时期，大相国寺又在寺院的菜园地上建立了"天寿寺"，后来又改名为"东相国寺"。

除此以外，大相国寺还增加了不少壁画，其中有五代著

大相国寺香炉

十六罗汉 是释迦牟尼佛的弟子。据佛经说，他们接受了佛的嘱咐，常住世间，受世人的供养而为众生作福。此外，另有十八罗汉之说，是在十六罗汉后加上二位尊者。

■ 柴荣（921年—959年），五代后周皇帝。是五代时期最英明的君主，也是对我国历史进程影响最深的人物之一。他倡导改革，扫除唐末以来的政治弊端，大力发展经济，使国力迅速增强。

名画家王道求在寺内绘画的佛道、鬼神、人物和畜兽等壁画。他的作品多画鬼神以及外国人物、龙蛇和异兽等，当时的名家都十分佩服他。在大相国寺的壁画中，王道求的十六罗汉、打鬼的钟馗及荈林狮子等图都曾流传于世。

五代著名画家王伟在大相国寺内大殿等处绘有佛道壁画。五代著名画家王仁寿在大相国寺内文殊院绘有净土弥勒下生二壁，在净土院绘有八大菩萨像等。

后周著名画家、大相国寺高僧德符在大相国寺内灌顶院绘有一松一柏壁画，气韵潇洒，观者如市，该画在当时非常受人推崇，士大夫们竞相题咏，约有百余篇。

后周著名学者扈载擅长赋颂碑赞，他才华横溢，受人爱戴。扈载偶尔去大相国寺游玩，见寺院内绿竹修美可爱，便题《碧鲜赋》于壁上，传闻甚广，甚至被当时后周皇帝柴荣所收藏。

从唐朝到五代的大相国寺初兴时期，寺内除以上著名文人画师题诗作画外，高僧也出了不少。知名高僧除唐代慧云和尚外，五代高僧主要有归屿、贞峻、贞海、遵海、澄楚和继禺等人。

归屿是后梁僧人，俗姓湄，安徽寿春人。他通达性相，精于大小乘佛法，尤善俱舍，唯识因明学，曾在大相国寺弘演佛法。

四面千手千眼观音木雕像

归屿与梁末帝曾经是同学，两人感情很好。梁末帝在劝归屿还俗为官遭到婉拒后，他便不再勉强归屿，而是赐给归屿紫衣和"演法大师"的法号，并敕改"东塔御容院"为"长讲院"。

归屿能诗，尤善书法，他用草书写成的《会要》有20卷，梁末帝阅后颇为赞赏，敕令皇家收藏。

贞峻是后唐僧人，俗姓张，郑州新郑人。他早年投入大相国寺依归正律师而出家，后于嵩山会善寺戒坛院受戒，住开封封禅寺，就是后来的开宝寺。贞峻曾在嵩山学律，他勤读善记，能诵经论数万言，人称"有脚经笥"。

891年，大相国寺遭火焚毁后，寺院的鼓楼、山门、七宝佛殿、排云阁、罗汉殿、文殊殿等计400余间殿堂均遭火焚。

大相国寺的和尚们人心惶惶，经商议，一致决定派人去开封开宝寺力请德高望重的贞峻法师做大相国

后唐 是五代十国时疆域最大的国家。891年，唐朝封李克用为晋王。后来，他儿子李存勖称帝，国号"唐"，史称后唐。后唐实现了对中国北方的统一，对中原王朝最终统一全国具有历史推动意义。

■ 大相国寺鼎

寺住持。贞峻到任后，募化修葺，主持中兴，宣讲律宗，接纳僧尼众徒达3000余人，使得大相国寺重新兴旺起来。

贞海是后唐僧人，俗姓包，江苏常熟人。他是五代时后唐高僧，大相国寺的住持。贞海13岁时在苏州龙兴寺出家，19岁到扬州拜名师受具足戒。他童真入道，性静好学，奋发精进，对《法华经》很有体悟。

贞海受具足戒后，他前往各地游历参拜，遍访名师。904年，他拄着智杖，在大相国寺为众僧开讲《法华经》。十余年间，他讲《法华经》十余遍，受益者不计其数。

916年，贞海受五代宋国元帅孔公之请，前往帅府相会。孔公与贞海接触后，发现贞海才学厚重，名不虚传，更加仰慕贞海，便拿钱资助贞海在大相国寺西塔院设立法华经堂。

其后30余年，贞海博览大量经卷，说法30余年，讲经37部，当时追随他的弟子近千人，这些事在后来的《宋高僧传》都有详细记载。

遵海是后晋僧人，俗姓李，安徽亳县人。遵海少年出家，随智潜法师学习《华严经》，颇有心得。908年，遵海住在大相国寺药师院，首开讲业，讲授毗尼。931年，他的弟子们相继请其讲演《华严

后晋 五代之一，石敬瑭所建，都开封，历二帝，前后12年。936年夏，太原留守、河东节度使石敬瑭勾结契丹，认契丹皇帝为父，并以幽云十六州为代价，在契丹扶持下在洛阳登基称帝，国号"晋"，史称"后晋"。

经》，他前后讲演共达19遍。

937年，五台山继禺大师精通《华严经》，他每次讲毕，均请遵海法师传播宣扬，就连俗家弟子也争相前来听讲，大家都赞叹遵海法师讲得好。遵海法师又向佛家弟子募镌《华严经》一部于大相国寺讲殿的三面石壁上，受到大家的称颂。后来，皇帝敕赐遵海法师为"真行大师"的法号。

澄楚为后周僧人，俗姓宗，凉州人。他10岁在大相国寺拜智明和尚为师，学习佛法。由于他勤奋好学，体悟颇深。后晋皇帝石敬瑭听说有关澄楚的消息后，特别敬重他，就把他诏入宫中内寺，赐给他紫袈裟，封他为新章律宗主，称他为"真行大师"。

继禺俗姓刘，河北人。他的父亲曾担任过汾州节度使，后来在战乱中丧生。继禺在五台山避难期间出家为僧，拜大文殊院弘准法师为师，后又跟高僧学习佛法。

在后晋时，继禺南游开封，被当时的皇帝石重贵看重，赐给他紫衣袈裟，并赐号"广演医圣大师"和"鸿胪卿"等，令他在大相国寺

■开封大相国寺内景

《五代会要》

是关于五代典章
制度的最早撰
著。作者王溥生
于五代，后周时
居相位，谙熟五
代典章文物，编
撰此书时他又大
量摘引了五代诸
朝实录中的诏令
和奏议，所以
《五代会要》的
史料较后出的
《五代史》翔实
得多。

宣讲《华严经》。

后来，由于后汉高祖刘知远被继禺的奇特外貌所吸引，他让继禺与各诸侯王结为兄弟，并封继禺为大汉国都僧统检校太师和中书令等职。

在五代时期，大相国寺经过大规模扩建，建有天寿下院、经楼和东相国寺等，其规模在当时位居都市寺院之首位。但是，寺院规模跟盛唐时的繁盛比起来还是稍差一些。

当然，由于大相国寺位居后梁、后晋、后汉、后周四朝的京都开封，又是当时京都最大的寺院，自然被那时的帝王所关注，其地位当然也很高。

据说，后周皇帝柴荣听说大相国寺新添了许多书画佳品后，就立即派了宦官去抄录。柴荣在欣赏之余大加赞赏。从此以后，当时的上元灯会、佛阁登高、进士题名、僧院品茶和听琴观画等，都到大相国寺来

■ 大相国寺一角

助兴。

据有关史料记载，五代时帝王在大相国寺举行的重要仪式主要有三个方面：

一是对天地的祈祷。937年至946年间，后晋皇帝先后前往大相国寺祈雪和祈雨。

二是为君主生日祝寿祈祷。908年，梁太祖朱温的生日就是在大相国寺设斋祝寿祈祷的。此后相沿成例，每逢君主生日，大都要到大相国寺设斋祝寿祈祷。

953年，周太祖郭威生日时也在大相国寺设置道场，并规定，中书之下等官员与文武百官共设一斋，枢密使与内诸司使副等官员共设一斋，侍卫亲军马步督军指使以下官员共设一斋。

三是为君主忌日行香。自唐代中期，每逢君主的忌日，文武百官都要到大相国寺行香，而且形成了定例。到了五代，当时的皇帝仍沿用了这个旧习。

据历史文献《五代会要》记载，940年正月，御使中丞窦贞固奏报皇帝，每遇到国忌就应行香，他请求宰相以下官员都应下跪行香，文武百官要依照官职大小依次行香，还要让官员们行香之后要学着僧人吃斋饭。

阅读链接

五代后汉时期，吏部侍郎张允以吝啬而出名。就算是自己的妻子，张允也不会多给她一文钱。他害怕妻子偷偷地拿他的钱用，就把各种钥匙都别在腰间，走起路来叮叮当当乱响，乍一听像是个身上挂了很多耳环首饰的女人。

后周太祖郭威兵变时，张允躲到大相国寺里勉强保住了性命，可是兵丁却把他的钥匙一股脑全给抢了去，等他回到家里一看，早已被抢劫一空，张允心如刀绞，"哇"的一声，鲜血狂喷，不到半日，竟一命归天。

进入空前的鼎盛时期

从唐朝至五代，大相国寺一直被历代君王所关注，这些皇帝要么为大相国寺题写匾额，要么把大相国寺作为重要仪式的举行之地。到了宋代，作为京都最大的寺院，宋代君王对大相国寺也倍加重视。

从宋太祖赵匡胤起，大相国寺就成为我国历史上第一座"为国开堂"的皇家寺院，不仅寺内各院住持的任命和离职，都要由君王颁发圣旨允准，就是每逢住持就职，朝廷都会派钦差去降香。

962年，大相国寺失火，院房被焚数百间。宋太祖知道后，

■ 宋太祖 （927年—976年），本名赵匡胤，北宋王朝的建立者。他在位16年，加强了中央集权，提倡文人政治，开创了我国的文治盛世。他是一位英明仁慈的皇帝，是推动我国历史发展的杰出人物。

立即出资进行了大规模重修。在宋真宗时，朝廷将唐代时期修建的排云阁改名为资圣阁，前代遗留下来的维修工程也陆续竣工，大相国寺逐渐趋于完备。到宋神宗时，扩建后的大相国寺占地达到545亩。

在宋神宗时期，神宗皇帝下诏辟相国寺六十四院为二禅八律，以慧林、智海法师为东西禅院的住持，大相国寺从此进入了空前的繁荣时期。寺内寺产富足，寺藏之充裕大大超过前代。

960年至1068年，宋太祖和宋真宗先后两次从外地调来1000尊罗汉像，扩充到大相国寺。宋仁宗时修建了仁济殿，并往殿内安放了一具针灸铜人。宋英宗时大相国寺又建造了三朝御制佛牙赞碑。

据有关史料的大略统计，那时的帝王和皇后每年莅临寺院达100余人次以上，而侍臣相随参与活动则不计其数。活动内容分为观赏、巡视、祈福，君王和皇后生日庆贺或忌日行香、疾病祈祷、群臣宴会以及与僧人谈禅论道等多个方面。

君主参加典礼，一般都由词臣撰写斋文。宋代著名文学家范质、欧阳修、苏轼和范仲淹等均有关于大相国寺的斋文传世。

在北宋时期，大臣名士几乎无不前往大相国寺。如名相赵普、寇准等都曾在寺内卜肆算卦。北宋宰相蔡京在京都退休后，盛暑的时候就常去寺内资圣阁下乘凉。大将军狄青任枢密使时，为了防范大相国寺遭

■ 宋真宗 （968年—1022年），本名赵恒，在位26年。1004年，辽国入侵，宋朝战胜了辽国，但因真宗惧怕辽的势力，便订立了澶渊之盟，每年向辽进贡大量金银。此后，北宋进入了经济繁荣期。

宋神宗 （1048年—1085年），本名赵顼，他即位后由于对疲弱的政治深感不满，他就重用宰相王安石推行变法，以期振兴北宋王朝。但是由于改革操之过急，最终以失败收场，不过宋神宗还是维持了新法将近20年。

皇家寺院

御赐美名的著名古刹

■ 寇准（961年—1023年），曾任北宋宰相，他为人刚直，因多次直谏，渐被皇帝重用。后因参与宫廷权力斗争，被人排挤。他著有《寇莱公集》。

《东京梦华录》是宋代文学家孟元老的笔记体散文，所记的大多为1102年至1125年间这一历史时期居住在北宋京都开封的王公贵族和庶民百姓的日常生活情景。本书共10卷，约3万字。

受火灾，狄青连家都搬到了大相国寺，这事在当时的京都广为人知。

在唐代的基础上，寺内的壁画数量大增，更加美轮美奂，这里成为了中外文化交流的活动中心。宋人宋白赞叹大相国寺全盛时期的盛景时描述道：

千乘万骑，流水如龙，构此大壮，宜扬颂声；金田宝刹，万祀千龄，金碧辉煌，云霞失容。

据宋代文学家孟元老的笔记体散文《东京梦华录》记载：

大殿两廊，皆国朝名公之笔；大殿朵廊，皆壁隐楼殿人物，莫非精妙。

那时，知名的画家高益、燕文贵、高文进及李象坤等人，都对大相国寺进行过题画。

宋代画家高益擅长绘画座神和蕃马，他画的蕃马身材肥瘦，马蹄印的稀疏，都特别传神，很有气势。大相国寺的旧壁画，基本上都是高益所画。他的壁画如《南国斗象》、《卫士骑射》、《蕃汉出猎》等都流传到了后世。

宋代画家燕文贵曾经在开封卖画，他在等待皇帝诏命时，高益发现了他的画，特别钦佩燕文贵，于是推荐燕文贵去大相国寺作壁画。燕文贵所画的山水，大多是北方大河，而岸边水渚多画台榭相接，景致优美，灵活多变，人称"燕家景致"。

宋代画家高文进的《大降魔变相》被后人称赞为"奇迹"。高文进曾奉命修复大相国寺的陈旧壁画，他便用蜡纸摹写旧作笔法再移至壁上，不仅毫发不差，而且气度非凡。

这些画家们所绘画的神佛人物都极为生动，山水方面也称得上是精美绝伦，所以后来有人写诗赞美道：

当时画手合众，得此诚是第一工。

那时，不仅画家跟大相国寺

进士 是对我国古代最后一级科举殿试考中者的称呼，意为可以进授爵位之人。俗称"三甲"，其中第一甲为状元，第二、三甲分别为榜眼、探花。元、明、清时，贡士经殿试后，及第者皆赐出身，称进士。

■ 大相国寺佛塔

渊源密切，就是宋代的一些新榜进士也喜欢去大相国寺刻名留念。在大相国寺东南角的普满塔等地，就有新科进士刻石之处。

作为一家有卖书书摊的寺院，大相国寺自然引起了文人骚客的极大兴趣，他们出入其间，寻访一些校勘严密和刻印精美的古籍极品，以汲取丰富的知识养分。

据宋代小说集《曲洧旧闻》记载，宋代著名政治家、书法家、诗人黄庭坚曾在大相国寺内买到学者

■ 黄庭坚塑像

宋祁的手书《唐史稿》10册，常常在家里细细品读体味，因而文章大进。

宋代金石家赵明诚作为太学生时，他怀揣500文钱，在大相国寺寻访到稀有碑帖，后来编写了《金石录》。

据清代文人郑大谟记述："范仲淹曾读书梁苑香林，即相国寺也。"

从宋真宗到后来的明清时期，许多文人都在大相国寺相互酬唱或独抒胸臆，给后世留下了许多诗作。

在当时，大相国寺的住持基本上都是由皇帝赐封的，可以说是名僧辈出，赞宁、宗本等都是当时名动一时的禅师。

赞宁是佛教史学家，俗姓高，浙江吴兴人，他先在杭州祥符寺出家，后来又到浙江天台山受具足戒，

黄庭坚 （1045年—1105年），北宋著名诗人、词人和书法家，他是江西诗派的开山之祖。在诗歌方面，他与北宋文学家苏轼并称为"苏黄"；在书法方面，他与北宋书画家米芾、蔡襄和苏轼并称"宋代四大家"；在词作方面，他与北宋文学家、词人秦观并称"秦黄"。

精研三藏佛经，再往灵隐寺专门学习南山律。

赞宁能言善辩，奔放自如。他擅长诗文，声望极高，被吴越王所赏识，委任他做两浙僧统，并赐他"明义示文大师"的法号。

978年，赞宁以花甲之年奉阿育王寺真身舍利前往开封，宋太宗多次召见了他，并赐给赞宁紫衣袈裟及"通慧大师"的法号，同时还把他纳入翰林院。

后来，赞宁又奉皇帝令回到杭州编纂《大宋高僧传》，历时7年成书30卷。大宋皇帝对赞宁的著作十分褒奖，还命令僧录司将其编入《大藏经》，以供众僧学习。

宗本是江苏无锡人，俗姓官，曾跟从安徽池州的德怀禅师学法，学得了全部密印。宗本早期住在苏州瑞光寺，后在杭州净慈寺出家，带的徒弟众多，影响广泛，曾被浙江万寿、龙华两寺请去交流佛法。据说，在去万寿、龙华两寺的途中，迎接他的僧众多达千余人。

后来，宋神宗召见宗本，令其回答有关政事和经义等方面的问题，见他对答如流，就称赞他是"僧中之宝"。并赐他法号"圆照禅师"，令他在大相国寺慧林院修法。

在北宋时，大相国寺不仅是全国佛教中心，也是国际佛教活动中心。每逢海外僧侣来华，皇帝几乎都会下令大相国寺负责接待。许多国外使节

■ 宋神宗赵顼

《大藏经》为佛教经典总集，简称藏经，又称一切经，有多个版本，如乾隆藏和嘉兴藏等。按文字不同可分为汉文、藏文和巴利语三大体系。后又被翻译成西夏文、日文、蒙文和满文等，具有广泛影响力。

来到开封后，一般都会去大相国寺参拜和学习佛法。

在宋太祖时期，出家为僧的印度王子曼殊室利到中国后，曾在大相国寺进行佛事活动，并将大相国寺的盛况写入了他的著作。

1074年，朝鲜使臣崔思训曾带几名画家来我国，将大相国寺的全部壁画临摹回国。在宋徽宗时，徽宗皇帝还将宋太宗写的"大相国寺"匾额赠送了朝鲜使者带回朝鲜。

在中外佛教文化交流方面，除朝鲜外，开封大相国寺和日本京都相国寺也有着深厚的渊源。

在宋神宗时，日本高僧成寻率领弟子7人一行前来我国巡访，宋神宗曾亲自安排他们住在鹤壁太平兴国寺传法院以及开封大相国寺等处。

后来，日本佛教界出于对大相国寺的钦慕，在日本京都也设立了相国寺，并承中土佛教之风，将禅寺中高等级者列为"五山十刹"。

■ 宋徽宗（1082年—1135年），本名赵佶，他在位25年，亡国后被俘并受折磨而死。他自创了一种书法字体被后人称之为"瘦金书"。另外，他在书画上的落款是一个类似拉长了的"天"字，据说象征"天下一人"。

阅读链接

狄青是北宋有名的"面涅将军"，他英勇善谋，以军功升任枢密副使。后来，京师连降暴雨，闹了水灾，狄青一家便在大相国寺避水。他站在大殿上指挥手下搬运行李，就因为穿了一件浅黄色的袄子，顷刻之间消息传遍了全城，说狄枢密使穿黄衣登大殿指挥士卒了，意思就是狄青要造反了。

随后，狄青被贬到陈州任职，朝廷每月两次派遣中使前去"探望"狄青，其实就是监视狄青的。没过多久，被冤枉的狄青就在陈州郁郁而终了。

丰富多彩的民间传说与活动

大相国寺的民间传说与活动简直是丰富多彩，是我国封建社会文化史和社会史的真实写照。流传于民间有关大相国寺的各种传说，充分表现了大相国寺在人们心目中的崇高地位。

传说在隋朝末年，秦王李世民进驻开封后，居住在前朝遗老乔相国家中。有一天傍晚，李世民回到相府，见后花园内乌烟瘴气，火光冲天。他一打听，才知是乔相国正指挥仆人焚烧纸钱，省得死后缺钱受苦受穷。

李世民回到卧室，百感交集，加上鞍马劳顿，不觉神思恍惚，他梦见勾命鬼把他带去了地狱。在森严恐怖的阎王殿里，几

唐太宗李世民

个小鬼一拥而上把李世民打翻在地，还踏上了一只脚。这时，阎王翻开生死簿，念道：

十岁，乔相国府

突然，阎王的眼睛一亮，说道："你要回去也行，正好乔相国在我这里刚存了3万银两，要不你先借用吧！"

李世民无奈只得写了借据，他被阎王冷不防猛击了一掌，顿时晕头转向，惊呼救命。李世民一蹬腿就醒来了。

后来，李世民做皇帝后，他念念不忘在梦中借了乔相国3万两银子的事。他要还乔相国的账，但乔相国却死活不认账。没有办法，李世民就用这笔钱在开封给乔相国盖了座寺院，并赐名"大相国寺"。

还有一个传说，大相国寺之所以如此有名，这与古典名著《水浒传》中浓墨重彩描述水浒草莽英雄鲁智深在寺内倒拔垂杨柳的故事有很大关系。

传说鲁智深提着戒刀，拎着他那长5尺重62斤的浑铁禅杖，从五台山来投奔大相国寺的智清禅师。智清禅师决定委派鲁智深去管理菜园。菜园附近有二三十个泼皮，经常进来偷盗蔬菜，见大相国寺派来一个新和尚去管理园子，就寻思着要给鲁智深来个下

■ 鲁智深 原名鲁达，又称鲁提辖智深，是施耐庵所著《水浒传》中的人物，他生活在北宋年间，出家后法名智深，又因其天性不喜被拘束且好抱打不平，故又被人称作"花和尚"。在梁山泊一百单八将中排第十三位。

《水浒传》又名《忠义水浒传》，一般简称《水浒》，作者一般被认为是施耐庵，创作于元末明初，是我国古代四大名著之一。《水浒传》是我国历史上第一部用白话文写成的章回小说，也是汉语文学中最具备史诗特征的作品之一。版本众多，流传极广，脍炙人口。

马威。

那天，众泼皮凑好钱后，买来十瓶酒，还牵了一头猪，来请鲁智深喝酒吃肉。鲁智深不知道是计，心生欢喜，吃得半酣时，他忽听得墙外杨树上有几只乌鸦在瞎叫。

众人听到乌鸦的叫声，都以为不吉利，寻思该怎样把乌鸦巢拆了，其中有两个性急的就要爬树上去拆乌鸦巢。鲁智深走到杨树跟前，左手抱住树干，才一抻腰，就将那棵杨树连根拔了起来，惊得众泼皮目瞪口呆，一齐跪拜在地上。从此，众泼皮再也不敢去大相国寺的菜园偷盗了。

自北宋以来，由于大相国寺门前有个在当时远近闻名的延安桥码头，加之寺内场地空阔，游人众多，大相国寺的民间活动也十分地活跃。

禅杖 佛门中的禅杖，是禅门中的教徒在坐禅时用以警睡的工具。佛经《释氏要览》中说："禅杖竹苇为之，用物包一头。令下座垫行；坐禅昏睡，以软头点之"。

103

■ 大相国寺鲁智深倒拔垂杨柳塑像

赵明诚（1081年—1129年），字德甫或德父，著名金石学家、文物收藏鉴赏大家及古文字研究家。致力于金石之学，在夫人李清照帮助下，赵明诚完成了《金石录》的写作，成为规模更大、更有价值的研究金石之学的专著。

■ 李清照 （1084年—1155年），号易安居士。宋代女词人，婉约派的代表，有"千古第一才女"之称。主要作品有《易安居士文集》，已散佚。后人有《漱玉词》辑本。

在北宋时期，大相国寺的商业贸易十分兴旺，蔚为壮观，并逐渐演变成定期的庙会和常年市场。据说，在商品经济的熏陶下，大相国寺的一些和尚竟然也违背佛教戒律，开办了烧猪院，经营猪肉生意，当时的惠明和尚甚至成了名闻京城、专门烹调肉类菜肴的高级厨师。

《东京梦华录》记载：

相国寺每月五次开放万姓交易。

在大相国寺投市交易的商品种类繁多。据《东京梦华录》介绍，"大三门上皆是飞禽猫犬之类，珍禽奇兽，无所不有"；庭中等处"卖蒲合、苇席、屏障、洗漱、鞍辔、弓箭、果脯"；"卖绣作、领抹、花朵、珠翠头面、帽子、绦线"。

■ 大相国寺内一隅

《东京梦华录》还说：

　　殿后资圣门前，皆书籍玩好图画及诸路
罢任官员土物香物之类。

　　在大相国寺参与交易的商民来自四面八方，临时
聚合，随聚随散。传说宋朝著名诗人、书法家黄庭坚
就曾在这里买到一本宋代史学家宋祁写的《唐史稿》
手稿。

　　著名词人李清照的丈夫赵明诚，也曾在这里买到
过稀有的碑帖，在赵明诚去世留下的《金石录》中，
李清照补作后序记叙了这段往事。

　　到了金代，民间承宋代之风，依然在寺内进行
交易活动，至金末这种活动增至每月8次。在明清时

碑帖　碑和帖的合
称，实际"碑"
指的是石刻的拓
本，"帖"指的
是将古人著名的
墨迹，刻在木板
上汇集而成的拓
本。在印刷术发
展的前期，碑的
拓本和帖的拓本
都是传播文化的
重要手段。

代，大相国寺的商业贸易活动更加频繁。

清朝末年，寺院东廊一带大多出售古籍字画古董；西廊附近则出售药品、玩具、帽带、首饰等；山门外罗汉殿四周、天王殿前后也多有零星摊位。

在国际商贸活动中，大相国寺居然也有一席之地，而且影响很广。据日本高僧成寻记述：

> 汴河左右前着船不可称讲。一万斛，七八万斛，多多庄严。大船不知其数，两日见过三四重着船万千也。

这些船只中许多属大相国寺所有，而当时大相国寺寺内陈列的商品除本国产品外，还有一些通过航船从国外进口来的物品，如大相国寺寺内所卖"日本扇者……索价绝高"。因此，有宋代吏部尚书宋白在《大相国寺碑铭》中描述：

> 外国之稀奇，八方之异巧，聚精会神，争能角胜，极思而成之也。

大相国寺向来是个普天同乐的地方。在大相国寺，除了百姓交易，还有各色走江湖的。

■ 蔡齐榜画像

106

皇家寺院

御赐美名的著名古刹

《铁围山丛谈》

为北宋进士蔡绦流放白州时所作历史笔记。它记载了960年至1131年间的朝廷掌故、宫闱秘闻、历史事件、人物轶事、诗词典故、文字书画、金石碑刻等诸多内容，色彩斑斓，异常丰富，可谓一部反映北宋社会各阶层生活状况的鲜活历史长卷。

据说，在北宋时期，有一年殿试后，有个考生发现，殿试规定八韵的赋他居然忘了做第八韵，于是就忐忑不安地去大相国寺求签。出乎考生意料的是，大相国寺内的算命先生竟一口咬定说，考生一定会考中进士。

后来，考生果然如算命先生所说，中了宰相蔡齐榜的进士。考生中榜后，却一直想不明白自己到底怎么中的榜，就逢人便讲，说大相国寺的算命先生多么神验。日子一久，前往大相国寺算命的人更是络绎不绝，就连当时的宋徽宗皇帝也信了。

据宋朝学者蔡绦流放白州时所作笔记《铁围山丛谈》记录，宋徽宗皇帝在即位前常有一些吉祥的征兆。于是就让大臣拿着自己的生辰八字，前去大相国寺找人算命。当时，有个叫陈彦的算命先生说宋徽宗是天子之命。第二年，宋徽宗果然做了皇帝，而算命先生陈彦后来则被宋徽宗赐封做了节度使。

在大相国寺，茶酒饮宴也很方便，这里也就成为

殿试 又称"御试"、"廷试"、"廷对"，即指皇帝亲自出题考试，对会试合格者区别等第。殿试为科举考试中的最高一段，由武则天创制，宋代始为常制。明清殿试后分为三甲：一甲三名赐进士及第，通称状元、榜眼、探花；二甲赐进士出身；三甲赐同进士出身。

■ 大相国寺佛殿

朝士文人聚会的理想场所。在北宋哲宗时期，著名文学家、书画家苏东坡与著名学者钱勰等就常在大相国寺寺内宝梵律院会餐。

在宋徽宗末年，侍郎刘季高也在智海禅院摆席，并与北宋的著名词人柳永等调侃互娱。

由于文人雅士们经常在大相国寺聚会，大相国寺寺内时不时会有小范围的露天舞蹈活动。

北宋著名诗人梅尧臣与史学家刘敞曾到大相国寺听"越僧鼓琴"，留下了"徒谓五音淳，孰识商声高"的深刻印象。

在北宋时期，即便平日，大相国寺也有群众性的游乐活动。一年一度的上元赏灯最为壮观，火花银树，人潮如涌，僧俗同乐，直至达旦。到了每年的浴佛节，大相国寺的浴佛斋会也是热闹非凡。

除此外，开封市民们还习惯冬至时去游览大相国寺，而资圣阁纳凉和大相国寺赏雪都是他们的最爱。俗话"相国寺前，熊翻筋斗；迎春门外，驴舞柘枝"更是形象生动地描绘了大相国寺杂技表演的精彩场面。

皇家寺院
御赐美名的著名古刹

阅读链接

据传说，唐太宗李世民曾特意派了心腹大将尉迟恭督建大相国寺，可是即将竣工时，突厥犯境，皇上便派大将程咬金前去检验完工情况并传旨调回尉迟恭。

两人急火火往回赶了数百里，忽然想起寺庙山门还没建，不建是欺君，返回去建又来不及了。程咬金灵机一动，让尉迟恭在他们当时所在之地建了一座山门。

回到京城，唐太宗问敕建大相国寺的情况，程咬金报告说："皇上，这庙雄伟堂皇，离几百里就能看见相国寺山门！"

唐太宗大悦，重赏二人，随即派其出兵应敌。战后唐太宗知道了此事，只好一笑作罢，派人重新又建了一座山门。

历经战火水患走向衰败

在北宋时期，大相国寺走过了它最辉煌的岁月。但在北宋以后，大相国寺在战火与黄河水患的双重损毁中屡遭摧残，社会地位在南宋时期更是一落千丈。

在1126年，金人两度围攻开封，大相国寺寺院一度被作为招募义勇兵准备抗敌的场所。在金人攻陷开封后，大相国寺又成了啼饥号寒的难民们以财物赎取被金人掠去的家人和亲友的场所，其情形惨不忍睹，人数之众多达数万。

金朝占领开封城后，为国开堂的大相国寺也遭到重创。大相国寺曾经收藏有许多艮岳遗石，但随着宋代皇室的南迁，这些本应放置在北宋皇宫遗址开封龙亭公园的艮岳

■ 艮岳遗石 属灵璧石类，为举世之宝。在乾隆行宫院内，曾陈放一方长2米、高1.5米、厚0.8米的灵璧石，此石形美如浮云，色极清润，摩掌声响，属"艮岳"遗石。

■ 北京故宫博物院是在明朝和清朝两代皇宫及其收藏的基础上建立起来的我国综合性博物馆，也是我国最大的古代文化艺术博物馆，其文物收藏主要来源于清代宫中旧藏。

《抱朴子》是东晋道教学者、著名炼丹家和医药学家葛洪撰，他总结了战国以来神仙家的理论，确立了道教神仙理论体系，兼集魏晋炼丹术之大成。

遗石，耸立在了大相国寺的大雄宝殿和罗汉殿前。

这些大窟窿小眼的艮岳遗石，嶙峋雄拔、瑰丽奇特、玲珑剔透。为了建艮岳园林，宋徽宗倾一国之力，把艮岳遗石从太湖之滨运到首都开封。但艮岳园林完工刚刚才5年，金人就来了。

为了守城，开封军民打碎艮岳遗石，当作炮子轰击金兵。但吃过艮岳石雨的金人特别喜欢艮岳遗石，还把遗存下来的艮岳遗石抢去了燕京，有的艮岳遗石还被用作了后来北京北海公园白塔山的石料。

后来，大相国寺罗汉殿前的艮岳遗石，在英法联军摧毁了圆明园后，它又被运到了北京图书馆和北京故宫博物院，最后它又从故宫博物院回到了开封大相国寺。

大相国寺在金人的铁蹄下无可奈何地衰败了。金人趾高气扬以胜利者的身份到大相国寺烧香礼佛，从此大相国寺转归金国统治。之后，南宋又在杭州淳祐桥边重建了一座大相国寺，但当地人与南下移民都不将其作为开封大相国寺的延续。

当时，有一家印书铺在刊印东晋道教学者葛洪所著的《抱朴子》末页时，郑重地刻上了一段文字：

旧日东京大相国寺东荣六郎家，见寄居临安中瓦南街东，开印经史书籍铺，今将京师旧本《抱朴子内篇》校正刊行，的无一字差讹，请四方收书好事君子幸赐藻鉴。

除了旧店新开的广告意识，不难体味书铺主人对故都大相国寺的深情思念。在南宋绍兴年间，古董收藏家毕少董还从大相国寺找到一本南宋前期重要历史学家王明清编著的历史笔记《熙丰日历》，并带去了江南。文人名士们争相传诵后，感慨不已。

大致也是这个时候，南宋文学家孟元老沉溺在记忆中追怀它的盛日景况，写下了《相国寺内万姓交易》等篇章，并决定把回忆录取名

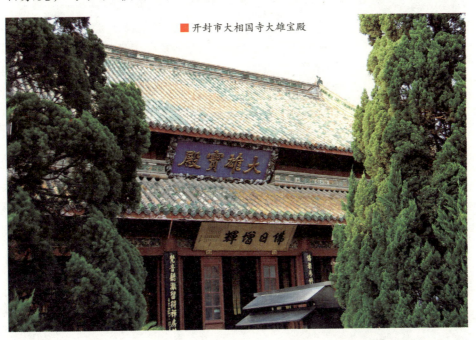

■ 开封市大相国寺大雄宝殿

为《东京梦华录》。

在北宋灭亡40余年后，宋代政治家和诗人范成大出使金国。一到大相国寺，范成大就看到了宋徽宗曾经题写的寺额悬挂在破败的山门上，而大相国寺开市交易的习惯却还同过去一样。此情此景，范成大感慨万端，并写了一首诗：

■ 范成大 1126年—1193年），字致能，号石湖居士，江苏苏州人。南宋诗人。他从江西派入手，后学习中、晚唐诗，继承了白居易、王建、张籍等诗人新乐府的现实主义精神，终于自成一家。风格平易浅显、清新妩媚。诗题材广泛，以反映农村社会生活内容的作品成就最高。他与杨万里、陆游、尤袤合称南宋"中兴四大诗人"。

倾檐缺吻护奎文，金碧浮屠暗古尘。
闻说今朝恰开寺，羊裘狼帽趁时新。

在范成大的眼里，大相国寺的一切，都不可能再回到当年繁盛的情形了。类似的慨叹很多，在元代著名诗人陈孚的《登大相国寺资圣阁》里也有流露：

大相国阁天下雄，天梯缥缈凌虚空。
三千歌吹灯火上，五百缨缦烟云中。
洛汭已掩西坠日，汉津空送南飞鸿。
阑干倚遍忽归去，飒飒两鬓生秋风。

周辉　南宋学者和藏书家。著有12卷笔记体著作《清波杂志》，内容多为宋人杂事，对宋代官制有一定史料价值。还著有《清波别志》3卷和《北辕录》1卷。

在范成大与陈孚的心目中，大相国寺不是一般的寺庙，而是赵宋文明的一种象征。但是，在金元两代异族统治下，它显然走向了衰败，而且再也无法回到北宋时期的辉煌景象。

南宋学者和藏书家周辉曾记下了他南下前对大相

皇家寺院 御赐美名的著名古刹

国寺最后的一瞥：

> 辉出疆日，往返经寺门，遥望浮屠峻峙，有指示曰："此旧景德院也。"匆匆揽辔径过，所可见者栋宇宏丽耳，固不暇指顾问处所。

再后来，大相国寺先是在金代时期遭遇火灾，后又有蒙古军攻陷城池。大相国寺遭受到了更大的损失，寺门被烧成灰烬，只有少量的僧堂保存了下来。

在当时，尽管有金章宗率国民出资共同修葺，但最终还是未能改变大相国寺的衰颓景况。

到了元代，大相国寺归开封汴梁路总

管府所辖，大相国寺寺院的地位也大不如前了。不过，好在元代统治者也崇奉佛教，寺院在兵燹之余，有时会得到局部的维修。

有关史料记载，汴梁路大相国寺住持僧柴某曾经亲奉圣旨修葺大相国寺的前殿、资圣阁等建筑。说是"亲奉圣旨"，其实也就是朝廷允许大相国寺自筹资金修缮罢了。

以当时元朝的经济实力，大相国寺根本就不可能再像北宋时代那样动辄就请朝廷拨款了。大相国寺当时虽自筹资金，但经过重修后仍然十分壮丽，这从元代诗人陈孚《登相国寺资圣阁》一诗可见一斑：

大相国寺天下雄，天梯缥缈凌虚空。
三千歌吹灯火上，五百缨缦烟火中。

元末，开封在烽火连天的3次拉锯般的大战中墙倒城摧，大相国寺惨遭毁坏。至明代洪武年间，朱元璋下令大相国寺统领开封府各州县的寺院僧侣，并将南人黄寺和北人黄寺与景福寺并入大相国寺院。

后来，大相国寺再次遭遇水患。明王朝在1406年至1484年间，曾两次进行修缮，并被赐"崇法禅寺"。1537年，资圣阁得到重修。

1553年和1607年大相国寺再次

得到重修。如此一来，大相国寺在明朝历代帝王的大力推崇下，规模虽不及宋代，但也处在相对兴盛阶段。

李自成石像

大相国寺的佛事活动相当繁盛，院内"有地藏殿五间，后俱是僧人所居，前后司有：白众。"明末清初人刘昌写道："梵钟之音，远闻数里。黄幡丹幢，臂声而肩载。香宝贲珞，轰击而肩摩。"

在明朝嘉靖年间，大相国寺再次名动天下，且发展到"每日开市"。作为人们交易和娱乐的场所，大相国寺在明代可谓繁盛一时。但到了1642年，由于李自成军攻打开封，官军决黄河企图水淹义军，不料"水自北门入，贯东南门出，奔声如雷，城中百万户皆荡尽"。

大相国寺在这次人为的黄河决口中被大水淹没，"相国鸱吻百人号"，就连寺院的屋头阁顶都成了难民的避难之所。水退后，大相国寺被泥沙淤没。

阅读链接

宋徽宗赵佶喜欢石头，尤其喜欢大块大块奇形怪状的堆在一起的石头。1105年，他决定建造一座名为"艮岳"的皇家园林。为建"艮岳"，宋徽宗特意在杭州设置了"造作局"，由宦官童贯主持这个拥有数千工匠的皇家手工场，制造皇家奢侈用品，而所需材料全从民间无偿征取。

当时，宋徽宗还在苏州设置了"应奉局"，专门负责东南江浙一带花石的搜罗。之后，花石多经水路运河运往京城开封。十船一组，称作一纲，这就是"花石纲"名称的由来。

清朝重建并复名大相国寺

御赐美名的著名古刹

■ 清世祖 （1638年—1661年），即顺治帝，本名爱新觉罗·福临。他在亲政以后，整顿吏治，注重农业，提倡节约，减免苛税，广开言路，网罗人才，他为巩固清王朝的统治做出了巨大贡献。

在清朝时期，顺治、康熙、乾隆和嘉庆等历代王朝先后在前代废墟上重建了大相国寺，其中以乾隆年间修葺规模最大。

1661年，清世祖顺治重建山门、天王殿和大雄宝殿等，还增建了"放生池"，并将明代赐名的"崇法禅寺"复名"大相国寺"。1671年，康熙重修藏经楼，后又陆续增建了中殿及左右庑廊。

1766年，乾隆皇帝亲自批准动用库银一万两，历时两年多，全面整修了寺院的山门、钟鼓楼、接引殿、大殿、罗汉殿和藏经楼以及观音和地藏二阁等建筑。

据后来开封博物馆收藏的大相国寺和尚性空所绘"相国寺全图"，可以想见当日盛况。乾隆为重修后大相国寺题额"敕修相国寺"的墨迹也保存在开封博物馆。

放生池 佛寺中都有的一个设施，一般为人工开凿的池塘，为体现佛教"慈悲为怀，体念众生"的心怀，让信徒将各种水生动物如鱼、龟等放养在这里。信徒放一次生就积一次德，象征了"吉祥云集，万德庄严"的意义。

在乾隆和嘉庆下令扩建大相国寺，并诏命"恢复旧观，不可图节省"时，主要操办这个事务的阿思含在寺院的西南边修建了一个类似行宫或招待所的"祇园小筑"。"祇园小筑"在当时国内的其他寺院确不多见，它实际就是大相国寺皇家寺院性质的延续。

清朝时期的大相国寺又兴旺了起来，仅常住和尚就有300多人。1819年，大相国寺重修了"智海禅院"，之后道光和光绪年间对大相国寺也进行了修缮。

清代重建后的大相国寺古色古香，金碧辉煌，规模远超于唐宋，但其在一条中轴线上，由南至北，依次建有碑楼、天王殿、大雄宝殿、八宝琉璃殿和藏经殿等建筑的格局基本保存了下来。

■大相国寺钟楼

皇家寺院

御赐美名的著名古刹

■ 大相国寺天王殿

三门 又作山门，为禅宗伽蓝之正门。三门有智慧、慈悲、方便三解脱门之义，或象征信、解、行三者。三解脱门即：空门、无相门和无愿门。

善财童子 是潜心修行、终成道果的典范。据《华严经》记载：善财童子出生时，家中自然涌现许多珍奇财宝，因而取名为"善财"。但是善财童子看破红尘，视财产如粪土，发誓修行，终成菩萨。

后来，在大相国寺前院东侧还建了钟楼。清朝时期的大相国寺主要建筑有：766年唐代所修的牌楼式山门，后来山门连同门前一对石狮毁于战火。

天王殿亦称二殿、前殿或接引殿。该殿面较为宽阔。五间三门，飞檐挑角，黄琉璃瓦盖顶，居中塑有一尊弥勒佛坐像，慈眉善目，笑逐颜开，坐在莲花盆上。弥勒佛坐像两侧站着四大天王，他们个个圆目怒睁，虎视眈眈，大有灭尽天下一切邪恶之势。

持珠握蛇者为广目天王，他以站得高、看得远而得名；手持红色宝伞者是多闻天王，他以闻多识广著称；持宝剑者是增长天王，他希望世间善良的心、善良的根大大地增长起来；最后怀抱琵琶的是持国天王，他弹奏着八方乐曲，护持着万国和平。

天王殿的后面是"放生池"。佛教本着"平等众生"的护爱之心，提倡放生不杀生。于是，放生池应运而生。为体现佛教"慈悲为怀，体念众生"的心怀，让信徒、香客等人们将鱼、螺蛳和乌龟等各种水生动物放养在这里，借此养护一颗护生的心。

"放生池"是许多佛寺中都有的一个设施。每逢诸佛菩萨的圣诞或是有重要的佛事活动，就会举行放生仪式。信徒放一次生就积一次德，象征了"吉祥云集，万德庄严"的意义。

在"放生池"前有一座重达5000余千克的铁质"万年"宝鼎。寺院放置宝鼎的意义在于：祝愿国家国运昌隆，期望佛法如同国家和宝鼎一样驻于世间。

宝鼎上下共6层，寓意分别是：一层天地同流，二层戒香芬郁，三层永镇山门，四层普薰法界，五层香烟缥缈，六层云气升腾之意。

大雄宝殿位于天王殿的北边，是赫赫有名的大相国寺的正殿，重檐斗拱，雕梁画栋，殿顶用黄绿琉璃

佛法 佛所说之教法，包括各种教义及教义所表达之佛教真理。又佛法为佛教导众生之教法，亦即出世间之法；对此，世间国王统治人民所定之国法，则称为"王法"。佛所得之法，即缘起之道理及法界之真理等；又佛所知之法，即一切法；以及佛所具足之种种功德，均称佛法。

■ 大相国寺大雄宝殿

■ 大相国寺八角琉璃殿

铃铎 乐器名；
也叫作"手铎"、
"风铎"、"檐
铎"。它起源于
印度，是真言
宗、天台宗的呗
器。我国寺院悬
于塔檐殿角的
"风铃"，也属
于铃铎。在佛教
中，供"铃铎"
于塔庙，世世得
好音声。

瓦覆盖，金碧交辉。大雄宝殿的周围有青石栏杆，栏杆上雕刻着几十头活灵活现的小狮子。

在大雄宝殿内供奉有释迦牟尼、阿弥陀佛、药师佛和三世佛，均高4.3米，其后是大型雕塑南海观音，取材于《华严经》善财童子的故事，形象地表现出南海观音普度众生的场面，东西两壁供奉的是十八罗汉。

罗汉殿在大雄宝殿旁边，它的结构特别奇特，是八角回廊式建筑，俗称"八角琉璃殿"。罗汉殿占地828平方米，由游廊殿、天井院和中心亭三部分组成，殿顶均为绿色琉璃瓦。

游廊殿平面为八角形，占地533平方米，高10.13米，八角飞檐。游廊廊沿有24根木柱，东西南北各有殿门和8级石阶。游廊殿四周塑有释迦牟尼讲经会佛雕，佛像造型生动，雕刻精美。

天井院内八角亭突起，高20.54米，重檐八角攒尖顶，其巅覆以铜色小塔。飞挑的八角，与游廊殿飞檐为同一走向。檐部殿角各悬铃铎，每当轻风吹拂，叮当作响。

罗汉殿内回廊中有大型群像"释迦牟尼讲经会"，五百罗汉姿态各异，造型生动，他们或在山林之中，或在小桥流水间，或坐或卧，或仰头，或俯首，形态逼真，情趣无限，堪称艺术杰作。

在罗汉殿中间有一木结构八角亭高高耸立，八角亭内有一尊四面千手千眼观音木雕像，全身贴金，高6.6米，精美绝伦，巧夺天工，是乾隆年间一位民间艺人用一棵完整的白果树雕刻而成的。

据专家推断，这棵白果树有上千年的树龄，整座雕像四面相同，共有大手和扇面小手1048只，手姿各不相同，每只手心都雕有一只眼睛，民间俗称"千眼

121

千古名刹

大相国寺

■ 大相国寺罗汉殿

千手佛"。

藏经楼位于整个寺院的后半部,是大相国寺最高的建筑。藏经楼高大雄伟,气势不凡,其垂脊挑角处皆饰以琉璃狮,且下悬风铃,风吹铃响,如奏编钟,十分悦耳动听。

藏经楼面阔五间、进深五间,高20.98米。藏经楼共两层,上为藏经库,下为讲经堂。

藏经楼前有站台一方,楼门前置石狮一对。讲经堂悬名家书画,置古典式红木坐椅,环境古朴典雅。讲经堂檐下所悬篆书匾额"藏经楼",白底黑字,结构严谨,笔力遒劲,为不可多得的匾额书作,相传为清代书法家孙星衍遗墨。

在大相国寺寺内东角有个钟楼,钟楼内悬铜铸巨钟一口,为1768年所铸,高2米多,重5000多千克。钟上铸有"皇图巩固,帝道遐昌,佛日增辉,法轮常转"16字铭文。

据传说,每日四更大相国寺寺钟即鸣,人们听到钟声就纷纷起床上朝入市。虽经风、雨、霜、雪从不间断。每当清秋霜天时击撞此钟,钟声悠扬,传得最远,故"相国霜钟"闻名遐迩,成为开封八景之一。

阅读链接

传说,古代有一位明君,身患重病,敌国趁机进犯,举国不安,而众医又久治不愈,形势十分危急。有一个仙人下凡,路过此地,指点说只有亲人的双手双眼作"药引子",才能治愈国王的病。

国王的三公主深明大义,毅然为父王献出了生命。佛祖深为感动,特封她为"千手千眼观音",专为万民除灾解难,百姓拥戴三公主,为其塑金身,香火不断。

乱世中千古名寺再遭厄运

清朝早中期，由于各位皇帝鼎力推崇，大相国寺再次走向辉煌，不仅世代有高僧涌现，还有大量文物珍藏。但到清末，曾屡兴屡废的大相国寺再次遭遇了厄运。

在清朝时期的主要高僧如：明昆和尚，字玉峰，他在康熙年间被朝廷任命为大相国寺方丈。明昆深明佛理，擅长书画。

充裕和尚，字有知，他在乾隆年间被朝廷任命为大相国寺方丈。

明慧和尚，字智圆，法号迁尘。明慧和尚与名士交流广泛，他曾在嘉庆年间著有诗文及游记语录等稿，名叫《迁食》。

本空和尚，字净尘，幼年因病

大相国寺内佛像

■光绪 （1871年—1908年），本名爱新觉罗·载湉，他直到18岁时才得以亲政，实际大权仍掌握在慈禧太后手中。后来，光绪帝启用康有为和梁启超等进行了维新变法，但最终因慈禧太后为首的保守派的反对而失败。

出家在曹门内关帝庙。本空和尚精通佛教经典，酷爱绘画，他在晚年时期做了大相国寺的监院。

续均和尚，字学林，出家于河北鲁冈集能仁寺。戒律精严，秉性慈祥，曾任大相国寺座僧，1924年坐化于寺院大殿前西廊，时年92岁。予升和尚在清光绪年间任大相国寺方丈，曾募捐修葺大雄宝殿。

清代大相国寺繁华时，曾存有大量的佛像、经籍、碑刻、书画、瓷器、木器、古玩和丝绣等文物珍品，只可惜由于兵火水患的侵扰，许多寺藏文物不知所终。

当时的寺藏文物，除前面介绍到的四面千手千眼木雕观世音巨像、铜制巨钟、针灸铜人外，还有以下主要珍品：

罗汉殿中心亭顶的宾瓶是乾隆年间重修大相国寺寺院时放到罗汉殿顶上去的。宾瓶里面存放有佛像、经卷、僧衣、念珠及零星珍宝银铜牌多件。

阿思哈碑镶于大相国寺丙配殿山墙。清朝阿思哈《重修相国寺并建行馆小记》字存碑。碑高1米多，宽2米多，计35行，每行27字。

在1841年黄河再次决堤时，开封城内水深丈余，

针灸铜人 始于1027年宋仁宗诏命翰林医官王惟一所制造的针灸铜人，其高度与正常成年人相近，胸背前后两面可以开合，体内雕有脏腑器官，铜人表面镂有穴位，穴旁刻题穴名。同时以黄蜡封涂铜人外表的孔穴，其内注水。如取穴准确，针入而水流出；取穴不准，针不能刺入。

大相国寺寺内建筑又一次遭到严重损毁。从此，这座千年古寺一蹶不振。

清末至20世纪早期，大相国寺的僧人们即使不募捐，也还是有很多人愿意捐钱献地，以求菩萨保佑平安。依靠这些钱财，大相国寺不但翻修了罗汉殿，修葺了山门和牌坊，还在寺院大殿两侧新建了48间门面房，租给商户，收取租金。

后来，大相国寺又修建了马道街市房、寺内两廊市房、寺前街市房和鱼池街市房等。据寺史《相国寺》记载："时大相国寺每月房租收入逾两千大洋"，且"每年南乡供粮，西乡供柴，寺僧终岁吃着不尽"。

后来，大相国寺虽改设为中山市场，但开封民众仍习惯上延称其为相国寺，只不过此时的相国寺不再是佛家的寺院，而成了一个地理上的名称。

■ 大相国藏经楼

其实，大相国寺的大雄宝殿和天下其他寺院的外形并无不同之处，所不同的只是悬挂在大相国寺大雄宝殿殿内房柱上的那一副顶天立地的楹联。

汴梁自古繁华，溯信陵卜宅，天保建寺，唐宋迄今，香火因缘历劫盛；

佛法西来微妙，算白马驮经，达摩面壁，东南遥望，金轮辉映万家春。

正因为这楹联，昭示大相国寺非同凡响的历史根基和发展历程，其脉络贯通与神意交融的因缘关系揭示其从令四海豪杰心仪的英雄故宅到天下仰慕的皇家寺院，再到后来的中山市场的兴衰与沧桑历史。

阅读链接

新中国成立后，依循古制，几度维修，宝刹重光，再现辉煌。如今的大相国寺，不仅以它古往今来的盛名为人们所向往，而且成了开封元宵观灯，重阳赏菊，盆景观赏，花鸟鱼博览及各种文化娱乐中心之一，每天都吸引着成千上万的中外游人前来参观。

大相国寺建筑宏伟，高僧辈出，闻名遐迩，吸引着众多的中外僧侣和使者前来参拜和切磋佛法。尤以唐宋为盛。其中突出的人物有日本真言宗的开山祖师弘法大师空海，于804年曾居于大相国寺。

他学问渊博，且精通汉文，参照中国草书偏旁，创立了日文字母"平假名"，并作《伊吕波歌》传世，对中日文化交流起了重要作用。现大相国寺设有"空海大师堂"，1992年由日本爱媛县集资铸空海铜像一尊，安放寺内大师堂。

报国寺

　　峨眉山报国寺位于四川峨眉山麓，是1615年由明光道人募捐建造。寺院坐西向东，朝迎旭日，晚送落霞。前对凤凰堡，后倚凤凰坪，左濒凤凰湖，右挽来凤亭，恰似一只美丽、吉祥、朝阳欲飞的金凤凰。

　　报国寺寺周楠树蔽空，红墙围绕，伟殿崇宏，金碧生辉，香烟袅袅，磬声频传。这里是峨眉山的第一座寺庙，是峨眉山佛教协会所在地，也是峨眉山佛教活动的中心。

因康熙御题匾额而扬名天下

1615年，明光道人用募捐所得钱财，在伏虎寺右侧的虎头山下，与伏虎寺隔溪相对的地方，开始修建寺庙，寺庙修建成功后，取名为"会宗堂"。

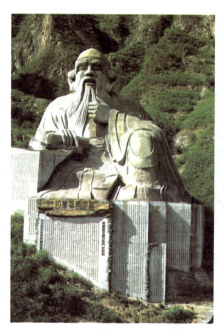

在寺院的山门前，有一对雕刻的石狮，守护着这座名山宝刹。

寺中供奉着普贤、广成和楚狂三位仙人，是取三教会宗之义，因此将寺庙取名为"会宗堂"。会宗堂的建立，说明了峨眉山儒、释、道三教的融洽。

■老子 本名李耳，是我国古代伟大的哲学家和思想家、道家学派创始人，被唐朝帝王追认为李姓始祖。老子是世界文化名人，他存世有《道德经》，其作品的精华是朴素的辩证法，主张无为而治，其学说对中国哲学发展具有深刻影响。在道教中老子被尊为道祖。

■ 孔子（前551年—前479年），春秋末期的思想家和教育家，儒家思想的创始人。孔子集华夏上古文化之大成，在世时已被誉为"天纵之圣"、"天之木铎"，是当时社会上的最博学者之一。他被后世统治者尊为孔圣人、至圣、至圣先师和万世师表，被联合国教科文组织评选为"世界十大文化名人"之首。

据传说，三位仙人与峨眉山都有关联。佛教里的普贤菩萨，他的道场在峨眉山；道教里的神仙广成子，他是道家学派创始人老子的化身，曾在峨眉山授过道；儒教的代表是楚狂，楚狂名叫接舆，和春秋儒家创始人孔子同时代，楚王曾请他去做官，他却装疯不去，后来隐居在峨眉山。

在那时，寺中有明代大瓷佛、华严铜塔和大钟。在七佛殿后，有一座明代时期在江西景德镇烧制而成的大瓷佛像，高2米多，形态生动大方，佛像底座为千叶莲花，佛身披着千佛莲衣，暗含"一花一世界，千叶千如来"的佛像经义。这尊瓷佛体量高大，比例均称，线条优美，光彩熠熠。

坐落在大雄宝殿后面平台上的华严铜塔又叫"紫铜华严塔"，是铜塔中的珍品。华严铜塔铸造于明代时期，高7米，塔身分上、下两部，每部各铸七层楼阁，全塔共分14级。塔身铸有4700多个各具神态的精美小佛像，塔周刻有《华严经》全文，故名"华严塔"。华严铜塔铸工精细，佛像历历在目，字迹清晰可见，是我国最大的铜塔。

大钟悬挂在寺内对面小山上的圣积晚钟亭内，名

儒教 是我国传统的国家宗教，也是我国传统文化的神经和灵魂。儒教以春秋末期的思想家和教育家孔子为先师，倡导王道德治、尊王攘夷和上下秩序。由于我国传统文化绵延，儒教在数千年的演变中不断地得以发展。

叫"莲花铜钟"，铸造于明代时期，钟高2.8米，钟唇直径2.4米，重10000多千克，称为"天府钟王"。

钟体上铸造了晋、唐以后历代帝王和与峨眉山有关的文武官员及高僧名讳，有捐赠铸造铜钟的信众姓名，并刻有《阿含经》经文和佛偈，以及刻有《洪钟疏》铭文等，共6万多字。

大钟原挂在圣积寺，圣积寺毁后，大钟才移至此寺的。因圣积寺铜钟的钟声清越，远播数里，回荡于山林旷野之间，使人顿忘俗念，所以有诗写道：

晚钟何处一声声，
古寺犹传圣积名。
纵说仙凡殊品格，
也应入耳觉心清。

因而大钟又名"圣积晚钟"。

在清朝顺治期间，闻达和尚将会宗堂迁到后来的峨眉山山麓，并重建了会宗堂。后又经两次扩建，成为五重殿宇、亭台楼阁俱全、布局典雅的宏大寺庙。

1703年，清朝康熙皇帝根据佛经"四恩四报"中

铭文 又称金文、钟鼎文，铜器研究中的术语。本指古人在青铜礼器上加铸铭文以记铸造该器的原由、所纪念或祭祀的人物等，后来泛指在各类器物上特意留下的记录该器物制作的时间、地点、工匠姓名、作坊名称等的文字。

圣积寺 古名慈福院，位于峨眉城南2.5千米处，为入山第一大寺，环境幽古。寺内文物众多，以普贤骑象铜像、八卦铜钟和铜塔等最著名。

"报国主恩"之意御题"报国寺"，然后由大臣王藩手书匾额。

据传说，报国寺在叫"会宗堂"时，寺里的和尚都是姓乾的出家人。其中，俗名乾林州的和尚，聪明好学，口齿伶俐，深受长老赏识，长老就赐给他法号"得心"，安排他管理一些佛事，并准许他去藏经楼阅读经书。

要是在以往，按规定别说在藏经楼里翻阅经书，就是每次借阅也只能一本，而且还要还了才能再借。但长老恩准得心可进藏经楼随便翻阅，可见长老对得心的器重。得心不负长老厚望，很快便把藏经楼的经书烂熟于心了。

有一天晚上，做完晚间佛事，长老刚刚回禅堂坐下，得心小和尚就走了出来，不停地夸赞道："师父治庙有方，全寺人财兴旺，庙壁辉煌，处处丁是丁，卯是卯，敬香者千千，朝佛者万万，随喜功得，开支

■ 报国寺的钟楼

不竭，前景辉煌。"

长老想这些年间本寺变化确实很大，不仅藏经楼的经书多了几倍，庙上的存钱也不少。长老特别开心，就想与其把钱存着，倒不如把会宗堂装修一番，弄得富丽堂皇些，再请皇上题个庙名，这会宗堂不就流芳百世了吗？

不到一年，会宗堂果然焕然一新。长老亲笔起草，向康熙皇帝禀报了会宗堂的人事和佛事，并特别说明了会宗堂的兴旺发达是因为在这里出家的和尚一直都是乾姓人家的缘故，且香火鼎盛有加，请皇上御题"会宗堂"三字。

康熙皇帝收到长老信函时，他正好在翻阅《岳飞传》，便说："你看，一个老妪都知道教儿子报效祖国，我们还在那儿'会宗'！"

皇家寺院

御赐美名的著名古刹

■ 岳飞塑像

内务大臣接过《岳飞传》，果然有岳母在岳飞背上先写"尽忠报国"四个字，然后用绣花针刺，刺完将醋墨涂上，这样永远不褪色的一段，便笑道"请皇上御题一名，也不辜负老僧心愿。"

果然在一月后，长老收到康熙题写的"报国寺"三个字，字体苍然遒劲，潇洒自如，墨色苍润，灼灼闪光，字字传神，耐观耐赏。为啥不是"会宗堂"三字呢？长老疑惑不解，面带微笑，心里不悦。

之后不久，长老收到朝廷内务大臣的来函。信函说：

这寺庙怎能以一姓出家为僧，一国都要以百姓为家；若如此，全国寺庙效之，岂不使百姓之间呈现内拱状？

从此，报国寺收僧不再讲究姓氏，凡是对佛虔诚，愿意皈依佛教的皆可收下。这样一来，由于康熙御题"报国寺"匾额的事，报国寺从此名扬天下。

在后来，报国寺历经数次修葺，寺院得以完整保存下来。1983年，峨眉山的报国寺、万年寺、洪椿坪、洗象池和金顶等五座寺院被国务院确定为全国重点寺院。报国寺成为峨眉山的第一大寺院。

后来，报国寺又新建了钟楼、鼓楼、茶园和法物流通处，使报国寺更加庄严。寺内还设有峨眉山文物管理所，收藏各种陶瓷玉石、文献字画、金属器皿和战国时代出土的各种兵器和工器等。

阅读链接

1960年，时任中国佛教协会副会长兼秘书长的赵朴初先生，在峨眉山佛教协会会长普超法师等人的陪同下，先后去了报国寺和万年寺等中低山寺庙，了解古刹管理、佛教活动和僧尼生活等方面的情况。

在这次视察中，赵朴初先生对峨眉山佛教工作和旅游事业的现状甚为满意，对这座天下名山雄秀奇险、气象万千的景色备加赞誉，不禁吟诗多首，并以一词作尾道："天下秀，低首让峨眉。极处赵州登不到，我今亦复半山回，此意几人知？"

雄伟的殿宇与精美的塑像

报国寺占地面积40000平方米，建筑面积达5600多平方米。殿宇结构自然和谐，依次是山门、弥勒殿、大雄宝殿、七佛殿和藏经楼，殿堂倚山势而建，一殿高出一殿。

报国寺的建筑为框架式结构，庭院式布局。殿堂的两侧有僧寮客舍，周围环绕着吟翠楼、待月山房、花影亭和七香轩等庭院园林建

报国寺建筑

筑，布局严谨。

报国寺山门是后来按原貌重建的，面阔5间，高12米，三叠屋顶，飞檐翘角。山门正中间门上悬挂有清康熙皇帝御赐的"报国寺"三字匾额，两边楹联为：

凤凰展翅朝金胭；
钟声频闻落玉阶。

左右两侧的横匾是：

鹤驻云归；
普放光明。

报国寺第一殿为弥勒殿，殿内供奉着一尊喜笑颜开、袒胸露腹、高约2米的弥勒塑像。"弥勒"是慈悲的意思，他是菩萨，但还没有成佛。菩萨在佛教中的地位仅次于佛。

弥勒后殿供的是彩绘泥塑的韦驮站像，背朝山门，面对大雄宝殿。韦驮是佛教的护法神，身穿胄甲，右手托山，左手按金刚降魔杵，修眉凤眼，双唇紧闭，威武刚强，正气凛然。

报国寺第二殿为大雄宝殿，"大雄"是佛经中说的"唯大唯雄"的意思，殿里供奉着佛主释迦牟尼金身彩饰坐莲像，两旁排列十八罗汉像。

■ 报国寺释迦牟尼佛像

菩萨 指开发大智、大慧、大悲和大愿的有德行、有学养的人。菩萨的地位仅次于佛，是协助佛传播佛法、救助众生的人物。菩萨在古印度佛教中为男子形象，流传到我国后，随着菩萨信仰的深入人心及其对世人而言所具有的深切的人情味，便逐渐转为温柔慈祥的女性形象。佛教雕塑中，菩萨多以古代印度和中国的贵族的服饰装扮，显得格外华丽而优雅。

■ 地藏菩萨 或称地藏王菩萨，因其"安忍不动如大地，静虑深密如秘藏"，故名地藏。为我国佛教四大菩萨之一，与观音、文殊、普贤一起，深受世人敬仰。

胁侍菩萨 指修行层次最高的菩萨，其修行觉悟仅次于佛陀或等同于佛陀。在没有成佛前，常在佛陀的身边，协助佛陀弘扬佛法，教化众生。

释迦牟尼是公元前6世纪后期印度迦毗罗卫国释迦部落净饭王的儿子，俗称乔达摩，名悉达多。由于那时社会的动荡和人的生、老、病、死等种种痛苦和烦恼，引起了他的深思，他因而出家修行，寻求解脱。经过6年的苦行，他尝尽了千辛万苦，最后又经过七天七夜的禅思静虑，终于彻悟大觉，成了大佛。

释迦牟尼佛的左龛是泥塑彩绘金身文殊菩萨像。文殊全称为"文殊师利"，意为妙德、吉祥。他是众菩萨之首，是智慧的化身，常协同释迦牟尼宣讲佛法。他和普贤菩萨一起，为释迦牟尼佛的左右胁侍菩萨。

文殊菩萨像旁边有副联语：

智镜高悬施法雨；
慧灯遍照应群机。

这是把"智慧"两字嵌入联中，意思是文殊菩萨用智慧润泽众生。

释迦牟尼佛的右龛是地藏菩萨金身坐莲像。地藏菩萨梵名"乞叉底蘖沙"，译为地藏，佛经中说地藏菩萨受释迦牟尼佛的嘱托，要在释迦牟尼佛圆寂后，弥勒佛降生前的无佛之世留住世间，教化众生，度脱沉沦于地狱的饿鬼与畜生诸道中的众生。他发誓：

"地狱未空，誓不成佛。"

在地藏菩萨旁边有副对联充分赞颂了他度脱沉沦的坚定决心与伟大精神：

圣愿宏深，欲使出冥清罪案；
迷途觉悟，难教沉溺负慈恩。

大雄宝殿殿内左右两厢供奉着十八罗汉。十八罗汉是释迦牟尼佛的得道随行弟子。后龛内供的阿弥陀佛像，阿弥陀佛又称"接引佛"和"无量寿佛"，是西方极乐世界的教主。

此外，大雄宝殿里还保存有紫铜华严塔。还陈列有历代著名书画家的书画，如元代著名画家赵孟頫的条幅，还有后来著名画家徐悲鸿的花鸟、齐白石的芋头、张大千的墨禾、日本人松涛的山水画作等，都独具风格。在大雄宝殿右面陈列室展出有峨眉山附近如符溪、双福等地出土的春秋战国时期的铜器、铜矛、铜镞兵器等文物。

报国寺的第三殿为七佛殿，高大宏伟，内外木石雕刻精巧细腻，石栏上雕刻的人物和柱础上的透雕，生动美观。

七佛殿内正中供奉着七尊大佛，都是泥塑丈六金身，端坐莲台，神态庄重。中间一尊为释迦牟尼佛，其余六尊为过去佛，从右至左依次为：南无拘留孙佛、南无拘那含牟尼佛、南无迦叶佛、南无毗舍佛、南无尸弃佛和南无毗婆尸佛。

■ 阿弥陀佛 又称无量清净佛、无量光佛和无量寿佛等，是佛教中在西方极乐世界的教主，与观世音菩萨、大势至菩萨统称为西方三圣。

■ 四川峨眉山大象

六道 佛学术语，指有情生活、轮回于其中的6个界别，即：一、天道，二、阿修罗道，三、人道，四、畜生道，五、饿鬼道，六、地狱道。无论善恶，一切处于分段生死的众生，都在这六道中轮回。

金童 指侍奉仙人的童男。按道教的说法，凡神仙所居洞天福地，皆有金童玉女伺候。所谓金童玉女，就是指道家说的供仙人役使的童男童女。

七佛皆盘腿坐莲台，体态匀称，庄严肃穆，乍一看似乎形态都一样，细细审视，表情各有变化，惟肖惟妙。

佛教造像中，还很讲究手的刻画和塑造。手有各种姿势，佛教称为"印相"。其中释迦牟尼佛右手举至胸前，拇指与中指相捻，其余三指自然舒展。这一手印象征佛在说法，称为"说法印"。

其他六尊佛的双手，仰放下腹前，右手置于左手上，两拇指的指端相接。这种手印则表示"禅思"，使心安定，叫"法界定印"。体态、手势和面部表情，都体现了佛的智慧、人格和道德皆完美无缺与至高无上。

在七佛莲台下，还塑画着一些类似"小鬼"的像，说是有两种解释：

其一，莲台又称"金刚座"或"须弥座"，意思是佛的法座像"须弥山"那样高大、坚实，座下塑造的是"金刚力士"，肌肉发达，面部狰狞，对邪恶能起震慑作用。

其二，释迦牟尼佛在度"六道"时，拯救出来的饿鬼，他们为了报答佛恩，蹲在金刚座下，听经护座。

在七佛殿左壁上挂有"七佛偈"的木屏四条，是北宋著名诗人和书法家黄庭坚的书法作品。

在七佛殿后，以观音菩萨塑像为主，结合历史故事和民俗文化，塑造了一组群像。观音又叫观世音，与大势至菩萨一起，是阿弥陀佛的胁侍菩萨。

佛经上说，观世音菩萨能显现多种化身，说法救度众生。她右手举着柳枝，左手倾倒净瓶，婷婷玉立龙头之上，左右金童玉女，飘然立于荷叶之上。

金童旁是戒装裹身的三国时期蜀国名将赵子龙的塑像。再旁边为东、南天王，手执着琵琶和宝剑。玉女旁是美髯飘拂的三国时期蜀国名将关云长。再旁边为西、北天王，分别执伞和握蛇。

另外还有"罗汉伏虎"、"蒲公采药"等塑像，其中最高处是"唐僧师徒取经像"。

群像右侧还有一龛，供奉着汉白玉雕刻的药师佛坐莲像。药师佛又称大医王，他是"东方净琉璃世界"的教主。

相传他在成佛时曾发下十二大誓愿，愿除一切众生疾苦，治无明痼疾，令一切众生身心安乐。

在七佛殿附近，除闻名遐迩的紫铜华严塔外，还有铜制巨钟一个和大瓷佛像一尊，它们都是报国寺最珍贵的文物。

报国寺的最后一殿是藏经楼，又名普贤殿。普贤殿楼前悬挂有"藏经楼"三字匾额，为清末诗人赵熙手书。殿中供奉着普贤菩萨。

普贤菩萨梵语为"三曼多跋陀

赵熙（1867年—1948年），世称"晚清第一词人"。他精于写诗，擅长书法，也喜欢作画，还时常写些戏词，深受百姓喜爱。直到现在，在四川民间仍流传有"家有赵翁书，斯人才不俗"的谚语。

■ 峨眉山金顶四面佛

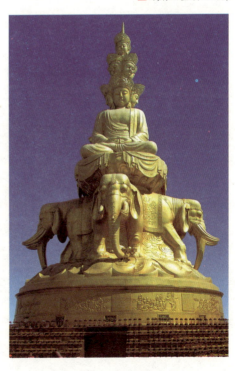

罗"，就是普遍贤善的意思。普贤因广修"十大行愿"，又称"大行愿王"。"愿"就是指理想，"行"就是指实践。

峨眉山是普贤菩萨的道场，所以将他供于最后一殿。普贤殿殿门上写着：

金粟庄严便是菩萨住处；
昙花灿烂照彻纳子爱心。

普贤殿楼上为"藏经楼"，是保存经卷的地方。楼中藏有佛教经典和古今名人的墨迹。

阅读链接

传说清朝顺治皇帝出家当了和尚，他的儿子康熙派人四处寻找父亲。在1702年时，康熙钦派大臣葛哈齐、头等侍卫海清、乾清门头侍卫五哥、兵部员外郎德其内等人，到峨眉山报国寺降香，并颁赐皇帝御书匾联与经器。

相传后来康熙皇帝还装扮成四大臣的"随从"亲自来峨眉山寻找父亲，见峨眉山报国寺一带景色秀丽，如世外桃源，康熙当时深感"会宗堂"应继续发扬光大报效国家，便特意亲题了"报国寺"金字匾额。

名人足迹和楹联使寺院增辉

在我国众多名寺中，峨眉山报国寺的寺庙文化可谓独树一帜，特别是楹联既数量庞大，又极具哲理性和艺术性，实为中外罕见。

在报国寺弥勒殿殿门上有一副对联：

弥勒佛像布袋和尚

看他蟠腹欢颜，却原是菩萨化相；
愿你清心涤虑，好去睹金顶祥光。

这副对联的作者遍能法师是位高僧，他通经律，能诗词，善书艺。上联中的"他"即弥勒殿里供着的弥勒佛。传说五代时名叫契此的布袋和尚就是弥勒佛的化身，所以联文说他是"菩萨化相"。下联则祝愿游人涤净心中的愁烦，高高兴兴地登上金顶观赏报国寺的吉祥之光"佛光"。

在弥勒殿左侧有一座船形小亭名叫"花影"，是游人品茗小憩的好地方。花影的亭柱上有一副对联：

> 茶鼎夜烹千古雪；
> 花影晨动九天风。

此联出自元代诗人黄镇成《游峨》一诗：

> 峨眉楼阁现虚空，
> 玉宇高寒上界同。
> 茶鼎夜烹千古雪，
> 花幡晨动九天风。
> 云连太白开中夏，
> 日绕重圆宅大雄。
> 师去想无登涉远，
> 只应飞锡验神通。

后来书画大师刘云泉先生书写此联时，将原诗中的"花幡"改为了"花影"，与此亭的名称相切。虽一字之变，却使上下联的意义更谐和，意境更完美，格调更高雅。

花影亭旁是花环溪绕的暖阁"五香轩"。佛经《璎珞经》说：五香即戒香、定香、慧香、解脱香和解脱智见香五种清香。

还有一种说法是，佛教密宗在筑坛讲经的时候，要将檀香、沉香、丁香、郁金香和龙脑香五种名贵的香料，埋藏在坛台的地下，以表示佛地的庄严。

在五香轩的门楣上有一副对联：

■ 峨眉山报国寺石刻

我奉雪山为赠品；
君收云海作诗声。

联文作者赵熙是清光绪进士，曾任翰林院编修和江西道监察御史。赵熙擅长诗词书画，生前寓居峨眉山中长达21年之久，有《峨眉诗草》等传世。

1936年，赵熙陪同他的诗社挚友厦门大学文学院的教授陈石遗畅游峨眉。在游览峨眉山途中，两人相互唱和，成诗多首。上联以"我奉雪山为赠品"赠给诗友陈石遗，以示感情的真挚和圣洁。后来，陈石遗曾用《长歌行》一首赠赵熙，所以赵熙就用了下联"君收云海作诗声"回敬这位诗友。

翰林 即文翰之林，意同文苑。从唐朝开始设立，初时为供职具有艺能人士的机构，自唐玄宗后，翰林分为两种，一种是翰林学士，供职于翰林学士院，一种是翰林供奉，供职于翰林院。晚唐以后，翰林学士院演变成了专门起草机密诏制的重要机构，有"天子私人"之称。在院任职与曾经任职者，被称为翰林官，简称翰林。

在弥勒殿之后的大雄殿殿门正中有副对联：

秋月朗清空，五夜山风狮子吼；
菩萨开觉路，千年花雨象王宫。

这一副对联中的"秋月"引用了唐代诗人李白《峨眉山月歌》中的"峨眉山月半轮秋"的意境。

在古汉语中"五"和"午"是相通的，五夜即午夜。狮子吼比喻佛音比较洪亮，声震寰宇。

据禅宗正式灯录《传灯录》记载：释迦牟尼降生时，一手指天，一手指地，作狮子吼，天上天下，唯吾独尊！后来佛门弟子以此比喻佛音。

"觉路"就是佛经中说的正觉之路和菩提之道。"花雨"是佛语"雨曼陀罗华"的略语。佛经《法华经·序品》说，佛祖讲经时，天空中就会降落曼陀罗华、摩诃曼陀罗华、曼殊沙华等五彩缤纷的花儿散落在佛和众弟子身上。

"象王宫"中的"象王"指的是"普贤菩萨道场"，是对佛的尊称。

这副联的大意是说：万籁俱寂的深夜，峨眉山月银光四溢，风涛阵阵，好像是佛祖发出的宏大声音，讲得头头是道，妙不可言。

在大雄殿右边的，是报国寺僧人的食堂五观堂。五观堂门前有副对联：

溪声便是广长舌；
山色岂非清净身。

这对联是北宋文学家苏东坡所撰，四川的书法家陈希仲先生书墨。"广长舌"是佛的妙相。据古印度民间传说：凡是舌头能盖过鼻尖的人不会说谎，不打妄语。

因此，婆罗门教徒心悦诚服地皈依了佛门。"清净身"是从《华严经》中引出来的，说佛身是清净光明的，是一尘不染和光明普照的象征，故简称为"清净身"。

苏东坡用"广长舌"和"清净身"作比喻，借以表达自己对佛理的顿悟和理解。陈希仲先生集诗为联，书赠报国寺，以描绘峨眉山的山色溪声之妙。

在大雄殿的左侧为客堂，客堂横额名"梧亭待月"。传说，当年著名书画家廖平曾在此夜宿，撰成一联：

黄帝六相说诗易；
雷公八篇著春秋。

联中的"黄帝六相"，说的是传说中的黄帝有六位大臣，名蚩尤、大常、奢龙、祝融、大封、后土，为他分别掌管天地和四方。

■ 苏东坡（1037年—1101年），名苏轼，北宋文学家、书画家。他一生仕途坎坷，学识渊博，天资极高，诗文书画皆精。著有《苏东坡全集》和《东坡乐府》等。

婆罗门 是祭司贵族。主要掌握神权，占卜祸福，垄断文化和报道农时季节，在社会中地位是最高的。为了维护种姓制度，婆罗门僧侣宣扬，把人分为不同种姓完全是神的意志。

■ 王羲之 （303年—361年），我国东晋书法家，有书圣之称。其子王献之书法亦佳，世人合称为"二王"。此后历代王氏家族书法人才辈出。

"诗易"指《诗经》和《易经》。所谓"雷公八篇"则说的是雷公与黄帝和岐伯一起讨论医学病理后，编纂了《黄帝内经》。这著述按唐代王冰注本共为24部81篇。《春秋》相传为孔丘依据历史整理改编而成的寓褒贬于史实记叙的史书。

全联大意为：黄帝因事设职，任人唯贤，量才录用，因而政通人和，世治民安，是值得借鉴和赞许的。雷公帮助黄帝写出了我国最早的医学文献《黄帝内经》，奠定了我国医学理论的基础，很值得载入史册，以便让子孙后代效法和怀念。

在客堂中还有一联，使人读之无不因风而舞，潇洒飘逸：

雷公 又称雷神或雷师，是我国古代神话传说中的司雷之神，道教奉他为施行雷法的役使神。传说雷公和电母是一对夫妻，能辨人间善恶，代天执法，击杀有罪之人，主持正义。

黄帝 是华夏始祖之一、人文初祖，我国远古时期部落联盟首领，他以统一中华民族的伟绩载入史册。

卧南浦云，咏西江月；
踏东山屐，开北海樽。

此联是清代中期诗人夏金阳撰文并书，其书法效仿魏晋大书法家王羲之和王献之，但一点都不拘泥。

联意是说：身居峨眉山，好像舒舒展展地祖卧在

"南浦云"之上，让我们举杯开怀畅饮，再哼着《西江月》，脚踏木屐，遨游在峨眉之巅吧！

在这客堂之中，还有两位名家留下了两副名联：一是我国著名书法家于右任于1935年夏天书赠报国寺方丈果玲和尚的：

立身苦被浮名累；

涉世无为本色难。

在报国寺讲经说法的法堂堂中有副对联，为圆瑛大师所题：

翻经留作将来眼；

问法先空现在心。

■ 峨眉山铜鼎

此联是圆瑛大师在抗日战争爆发后，来峨眉普贤殿所作。圆瑛大师在上联中说：研读佛学的经典著作，最重要的在于开阔眼界，不拘泥于陈旧的认识，运用事物的发展规律，展望未来的大千世界。下联则说的是学习认识一切事物的发展规律，首先要持"无我"和"变异"的观点，从自身做起，从现在做起，无始无

■报国寺正门

终地坚持下去。在七佛殿的佛龛上有一副对联，上下联文共六字：

皇家寺院
御赐美名的著名古刹

一合相；

两足尊。

　　这是全国最短的楹联之一，但内容深奥意远，主要意思是说：释迦牟尼是人类世界的圣人和贤哲。

阅读链接

　　在峨眉山报国寺的七佛殿与普贤殿之间，有一座平屋，其正门额下有联文："雪涛眉下涌；云海望中收。"为我国前国防部长张爱萍将军1980年所书。

　　张爱萍是四川人。他早年参加革命，戎马关山，驰骋万里，而今回到久别的故乡，畅游峨眉之胜，登临金顶，极目欣欣向荣的天府平原，张爱萍不禁吟诵起郭沫若《飞越秦岭》的诗句来，并择其两句以抒写他热爱家乡、热爱父老的深情。

　　张爱萍的书法，以中锋为主，恣意开张，枯荣有致，虚实相辅，毫无酒后癫狂、斋素清瘦之感，而是金戈铁马，旌旗浩漫，铮铮有声。

北京万寿寺

　　北京万寿寺位于北京市西直门外西北3.5千米处的苏州街东北侧，即明清时的长河广源闸西侧，是一处清幽、肃穆的皇家庙宇。据史记载，北京万寿寺创建于明代万历年间，后历经明清皇朝的多次大规模兴建。

　　北京万寿寺不仅形成了集寺庙、行宫和园林于一体的皇家佛教圣地，还是清代皇家祝寿庆典的重要场所，因而获得了"京西小故宫"的美誉。

明代时为贮藏佛经而创建

　　据传，万寿寺始建于唐代，称"聚瑟寺"，但其历史沿革无可稽考。而真正使其迸发出历史光华的，则是源于对佛教经典的传播。

　　据明代文人沈德符撰笔记《万历野获编》记载：明代永乐年间，明成祖永乐皇帝在今东城区景山东侧的嵩祝院设置番经厂与汉经厂，专司刻印和收藏佛教番、汉经卷。

■ 万寿寺正门

　　这里的番经来自乌思藏，乌思藏是元、明时对前藏、后藏以及锡金和不丹等地的统称。番经厂专门印刷僧人用的蒙文、藏文和天竺文等西方梵贝经卷；汉经厂专印和尚用的汉文释家诸品经卷。

　　番经厂每遇皇帝生

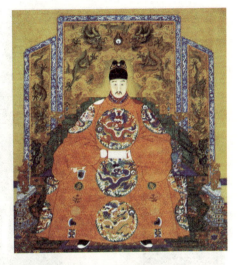

日、元旦等，都要在英华殿内做佛事，戴番僧帽，穿红袍、黄领、黄护腰，还要鸣锣鼓，吹海螺等法器，赞唱经咒等。汉经厂则念诵释家诸品经，也戴僧帽，穿袈裟。番经、汉经两厂历经数朝，因年久失修，残破坍塌，大部倾毁。

到了隆庆年间，明穆宗隆庆皇帝曾命司礼监对番、汉经厂进行修葺，但工程未完毕，明穆宗便去世了，慈圣皇太后悲痛之余下令继续修葺二厂，并另建处所以暂存佛教汉文经典。

据史料载，明神宗之母、慈圣皇太后率先慷慨解囊，出银万两；潞王府以及诸公主、诸嫔妃及朝中各显贵无不捐资。

1577年3月，明神宗万历皇帝遵从母命，秉承先帝明穆宗即其先父的遗志，命司礼监冯保在京西督建佛寺。冯保率领一班人马，经过踏勘，选中了"聚瑟寺"这座破败荒芜的古寺。

经过一年多的日夜赶建，1578年6月寺院落成，慈圣皇太后和明神宗亲临万寿寺内礼佛，并赐名"护

■ 万寿寺内的《御
制重修万寿寺碑》

首辅 是明代对
首席内阁大学士
的习称，也称
"首揆"或"元
辅"。设置于1402
年8月，名义上相
当于宰相之职，
但无宰相之权。
明中期后，大学
士又成实际宰相
称"辅臣"，嘉
靖、隆庆和万历
初期，首辅职权
最重，主持内阁
大政。

国万寿寺"。当朝首辅大学士张
居正奉诏撰写了敕建碑文，自
此，万寿寺遂成为皇家寺庙，
其规模"璇宫琼字，极其宏丽"，
"几与大内等"。

万寿寺建成后的布局，张居
正所撰《敕建万寿寺碑文》中有
着较为详细的记载：

命司礼太监冯保等卜地
于西直门外七里许、广源闸
之西，特建梵刹，为尊藏汉
经香火院。

中为大延寿殿五楹，旁列罗汉殿各九
楹，前为钟鼓楼、天王殿，后为藏经阁，高
广如殿，左右韦驮、达摩殿各三楹。修檐交
属，方丈庖湢具列。

又后为石山，山之上为观音像，下为禅
堂、文殊、普贤殿。山前为池三，后为亭池
各一。

最后果园一顷，标以杂树，琪株璇果旁
启，外环以护寺地四顷有奇。

法轮妙启，龙象庄严，丹垩藻绘，争耀
竞爽。

工始于万历五年三月，竣于明年六
月……

那时候，张居正是明神宗的老师，又是顾命大臣，此碑文由他撰写，说明该寺非同一般寺院。此后，万寿寺多次得到赐田，殿阁、廊庑和方丈规制完备，田庄和果园占地达65万平方米。

后来，在万寿寺鼓楼悬挂着的一口铜铸巨钟为当时寺内的一大胜景，因其铸造于永乐年间，又是我国最大的青铜钟，上面刻铸有《华严经》文，所以它素有"永乐大钟"、"钟王"和"华严钟"之称。

据1788年北京史志文献《日下旧闻考》记载：

华严钟铸于前明永乐时，高一丈五尺，径一丈四尺，纽高七尺，厚七寸，重八万七千斤。

内外勒楷字法华经一部，字大五分，密如比栉，乃学士沈度书。

■ 万寿寺钟鼓楼

嘉靖间悬于万寿寺。后言者谓京城白虎方，不宜有金声，乃彻楼卧钟于地。

华严钟钟形弧度多变，铸造工艺精美，为佛教文化和书法艺术的珍品。钟体内外共铸佛教经咒17种，23万字字体工整而匀称地分布在钟体各处，全是汉字楷书，古朴道劲，相传为明初书法家沈度手笔。

据史记载，华严钟铸好后，最早存放在汉经厂，直到1607年才被移入万寿寺悬挂起来，并为它专门建了一座方形钟楼，每天由6个和尚专司撞钟之职。据明代文人蒋一葵记述：

昼夜撞击，闻声数十里，其声愋愋，时远时近，有异它钟。

华严钟钟声悠扬悦耳。轻击时，圆润深沉；重击时，浑厚洪亮，音波起伏，节奏明快优雅。民间传说，其声音最远可传近50千米，尾音能长达2分钟以上，令人称奇叫绝。

华严钟在万寿寺悬挂了20年左右。但是到了明代天启年间，因为当时民间传言"京西白虎方向不宜鸣钟"而"钟不复击，置地上"。所以，到明末时，华严

皇家寺院

御赐美名的著名古刹

蒋一葵 早年家贫无书，四处借阅，并刻苦抄录。他后来官至南京刑部主事，著有《尧山堂外纪》、《尧山堂偶隽》和《长安客话》。"其所著撰，琳琅脍炙人口"，他是当世负有重名的骚人墨士。

■ 万寿寺琉璃佛

钟已经从钟楼撤下，闲置在地上了。

此外，万寿寺在万历年间还兴建了一座通高22米，塔高六层，每层六面，平面为六角形的楼阁式塔，又名"万寿寺塔"。后来，明代兴建的万寿寺早已不复存在，这座砖塔却仍然遗存了下来。

随着时间的推进，万寿寺香火也日益鼎盛，并逐渐发展成为长河沿岸遐迩闻名的大寺。为解决日益增多的游僧住所，朝廷又在紧邻万寿寺的昆玉河南岸建立了万寿寺下院，即后来的紫竹院。

■ 万寿寺内的古塔

万寿寺前的昆玉河古称长河，蜿蜒迂回，奔流不息，柳丝低垂，波光粼粼。寺庙前，长河奔流，旧时设有码头。每当春末夏初，帝王太后从紫禁城走水路到颐和园避暑，均在此驻跸下船稍事休息。

明代时期，北京城的水陆交通十分发达，城内外湖泊毗连，河道纵横，从紫禁城可以直接通航至西郊的昆明湖，有筒子河和护城河环绕皇城、京城内外河水相连，碧波荡漾，使北京这座帝王之都在威严气度之外，又增加了几分秀丽和飘逸。

白虎 我国古代神话故事中是西方的保护神。与东方青龙、南方朱雀、北方玄武共奉为四大神兽。在我国传统文化中是道教西方七宿星君四象之一，代表西方的灵兽。白虎代表的季节是秋季。

　　几年后，东城嵩祝院的番经厂与汉经厂修葺完毕，万寿寺内所藏经版、经卷全部移归经厂。万寿寺完成了储藏经版、经卷的功能，宽阔壮丽的宫殿和风光旖旎的园林则吸引了皇室成员的青睐，万寿寺遂逐渐成为明代帝后游览昆明湖途中用膳和小憩的行宫。

阅读链接

　　传说，明成祖朱棣晚年潜心撰写《诸佛世尊如来菩萨尊者神僧名经》共40卷，23万字。为弘扬佛法，使佛经传诸久远，他命人用纯铜铸造了华严钟，并将他写的前20卷10万字与其他的汉文佛经一并铸刻在了华严钟体。

　　华严钟最为举世罕见和引人惊叹的奇迹，莫过于将全部经文230184字，无一字遗漏地匀称地铸满了巨钟的每一寸表面。据说，是大书法家沈度率京中名士先在宣纸上写就经文，后用朱砂反印到钟模上，再由工匠雕刻成凹陷的阴文。

　　最后以火为笔，以铜为墨，将光洁挺秀、见棱见角的约23万金字一挥而就了。

清代时是皇家佛教圣地

　　清军进入北京不久，万寿寺便以其独特的地理位置和吉祥嘉瑞的名称而受到皇室的关注，渐渐成为皇家祝寿庆典的重要场所。

　　1645年，清世祖顺治皇帝钦赐匾额"敕建护国万寿寺"。1659年，万寿寺被火烧毁部分建筑。1687年，清圣祖康熙重建后"前后殿宇九层，庄严色相，巍焕如新"。

■ 万寿寺的"敕建护国万寿寺"匾额

■ 万寿寺三大士殿

据1698年《重修药王殿记》记载内廷曹白瑛与友人德溥等同游万寿寺当时的情况为：

> 殿后阁前，罗汉松七八株，大可两人合抱。青荫数亩，风摇其颠，响动廊舍，徘徊其下，久久不忍舍去。

又据清代文人潘荣陛编撰的北京岁时风土杂记《帝京岁时纪胜》有关万寿寺的记载：

> 堂后有假山……山后为无量寿佛殿、三圣殿，又后为后楼。楼前松桧皆数百年物……

1751年和1761年，清高宗乾隆皇帝为给其母后

《帝京岁时纪胜》为清代文人潘荣陛编撰。全书以月份为纲，从正月起，到十二月止，把一些节令、风俗、古迹、仪典都囊括在内。内容丰富，文笔隽美。此书属为清代第一部北京风俗志书，对研究清代北京的社会生活和岁时风物均有重要史料价值。

操办六旬和七旬大寿庆典，又先后两次对寺院进行扩建，将西路改为行宫，万寿寺后来规模宏大的建筑格局便从此确定下来。1761年11月，乾隆皇帝御书《御制重修万寿寺碑文》称：

> 我圣母皇太后七秩庆辰适逢斯盛，朕将率亿兆臣庶祝嘏延洪，以圣节崇启经坛，莫万寿寺宜。

这两次扩建，在弘扬我国古典园林文化的基础上，又吸收了西方建筑的风格，修葺后的万寿寺，规模更加宏丽。那时候，由于万寿寺地处水陆交通要道，是去颐和园的必经之地，乾隆皇帝降旨在这一带仿江南水乡芦花渡风光，修建行宫和码头，供船舶停靠，俗名"小苏州芦花荡"。

每当春夏之交，帝王后妃从紫禁城乘船走水路到

《天咫偶闻》
是清代北京风土掌故杂记，共10卷，为清末学者震钧撰。全书是按皇城、南城、东城、北城、西城、外城东、外城西、郊垌等地区分卷，分别记北京皇宫、官廨、大臣府第、园林、寺庙及诸名胜建置沿革与景观，每涉一处，兼述有关掌故风俗。

■ 万寿寺内的中西合璧门

■ 慈禧太后（1835年—1908年），同治帝的生母。她以皇太后身份垂帘听政或临朝称制，为清末时期的"无冕女皇"，生前，外人以"慈禧太后"、"圣母皇太后"、"那拉太后"和"西太后"等称之。自光绪年间，宫中及朝廷开始以"老佛爷"尊称她。

宁寿宫 是清乾隆皇帝为自己退位之后准备的太上皇宫殿。在紫禁城内外东路，全区分前朝、后寝南北两部分。光绪年间，慈禧太后曾一度住在宁寿宫。

颐和园避暑消夏，均在此停泊上岸，礼佛进香，稍事休息。昆玉河南岸明代所修万寿寺下院被更名为"紫竹禅院"，并赐匾"福荫紫竹院"，紫竹院也由此而得名。

1890年，万寿寺毁于楼火，寺内仅存的七八株百年罗汉松也在这场火中化为灰烬。据清末文人震钧撰《天咫偶闻》记载：

寺极宏丽，大殿后叠石像三神山，旧有七株最有名。光绪庚寅后，楼火，并松俱烬。

1894年，慈禧太后60大寿，为隆重迎接"万寿庆典"，光绪皇帝命内务府对万寿寺行宫进行大规模整修，在西跨院增修了千佛阁和梳妆楼，并增修"御碑亭"，户部尚书翁同龢奉诏撰写了碑文。

此后，慈禧太后对万寿寺更加垂青，往来于颐和园与紫禁城之间，途中都要在万寿寺拈香礼佛，在西跨院行宫用茶点，故万寿寺又有"京西小故宫"之说和"小宁寿宫"之称。

1900年，"八国联军"入侵北京，不仅圆明园被火烧，万寿寺也遭到疯狂洗劫，后清德宗光绪皇帝再次对万寿寺重修扩建。建成后的万寿寺占地30000余平方米，其深庭广厦，琼楼玉宇，雕梁画栋，极其宏丽。其间曲栏回廊，御书碑亭，青石假山，古道地宫，苍松翠柏，错落有致。

寺内分中、西、东三路。其中主体建筑在中路中轴线上，自南侧山门向北依次为左钟楼、右鼓楼，然后是七进院落：天王殿、大雄宝殿即大延寿殿、万寿阁、大禅堂、御碑亭、无量寿佛殿和万佛楼等，各殿两侧有配殿配房。

山门檐下有顺治皇帝御赐的"敕建护国万寿寺"石匾。山门两侧的撇山影壁上的砖雕，雕有九朵莲花，构图精细，为不可多得的艺术精品。

两侧齐胸高的宇墙虎皮底座，朱墙白顶，色彩分明。山门内屋顶棚上彩绘着百只红蝙蝠飞翔在白云间，寓意洪福齐天。

钟楼和鼓楼耸立于天王殿前左、右两侧，素有"钟王"之称的华严钟就曾悬挂于此。1733年，清世宗雍正皇帝根据"五行生克"之说，决定将华严钟置放在地处"京城之乾方，圆明园之日方"的风水宝地

■ 万寿寺的天王殿

五行生克 是五行学说的一种观点。五行学说认为，宇宙是由金、木、水、火、土五行构成的，五行之间存在着相生相克的规律。相生含有互相滋生，促进助长的意思，相克含有互相制约、克制和抑制的意思。五行相生：木生火，火生土，土生金，金生水，水生木。五行相克：木克土，土克水，水克火，火克金，金克木。

觉生寺即今大钟寺，移钟工程直到1743年才完成。

天王殿里供奉着手执青光宝剑的增长天王、掌碧玉琵琶的广目天王、拿混天珍珠伞的多闻天王和抓紫金龙或花狐貂的持国天王。这四大天王手里所持的法器分别隐喻："风""调""雨""顺"。

大雄宝殿内供奉着三世佛即释迦牟尼佛、药师佛和阿弥陀佛，十八罗汉以及倒座观音等。

相传，这座观音是大太监李莲英刻意悄悄放上去的，意思是说慈禧太后这个"观音佛到了"。此后，慈禧太后的"老佛爷"之称即由此而得。

在大雄宝殿两侧金柱上，有乾隆皇帝御书楹联：

戒慧光中烟云皆般若

清凉界外花石尽真如

万寿阁位于大雄宝殿正殿之后。阁后的大禅堂为万寿寺住持讲经说法之地。大禅堂后有一进院落，建有三座假山，象征三大佛教名山，分别是观音菩萨所

■ 万寿寺内的大雄宝殿

■ 万寿寺内的无量寿佛殿

在的普陀山，文殊菩萨所在的五台山和普贤菩萨所在的峨眉山。

山后有两株古银杏树分立两旁，饱经沧桑的虬干枝叶高耸入云。其后还有乾隆御碑亭、无量寿佛殿、光绪御碑亭和千佛阁等。其间，苍松翠柏，回廊亭阁，错落有致。

在无量寿佛殿前，有一座碑亭，由当朝宰相刘墉奉乾隆皇帝圣旨督建而成，碑顶全部采用了明黄琉璃瓦，金碧辉煌。这座碑亭内立有乾隆皇帝当年御制的石碑，碑文用满、蒙、汉和藏四种文字详细记载了乾隆年间修葺万寿寺的经过。

在无量寿佛殿的东侧，有一座造型奇特的门，它融合了法国的巴洛克式建筑和中式建筑两种风格，所以叫中西合璧门。

它的主题风格为巴洛克式，这在皇家寺院中风格

刘墉（1719年—1804年），清代的书画家和政治家。他是乾隆帝时进士，编修过《四库全书》，做过吏部尚书，后官至内阁大学士，为官清廉。他精于书法，尤其擅长小楷，其传世书法作品以行书为多。他著有《石庵诗集》和刻有《清爱堂帖》。

极其独特，为万寿寺传统建筑平添了些许异国情调。西路为行宫院，靠前部分有四小院落，被中间夹道一分为二。左为寿膳房，右为寿茶房，其后是皇帝、太后驻跸之行殿。

在行殿之后两侧有爬山游廊，通过小亭到后楼。相传，清末慈禧太后曾于此梳妆，故称"梳妆楼"。再后有大悲殿及配殿，院中有一井亭，是专为皇帝讲经之所。

东路是方丈院，前部有大斋堂、大厨房及僧房舍，中为斋堂、前宇和南房，斋堂之后有土山，最后是独院。

从明朝起，万寿寺便没有香火。作为皇家寺庙，皇帝认为烧香总有会灭的时候，不太吉利，于是就用木板做成红色牌子，在牌子面上写上祈福的内容与对象，然后挂在庙里，以祈洪福齐天。

万寿寺是我国唯一没有真正香火的寺庙，而象征意义上的香火，便是那些挂满各处写满了各种祝福的福牌子，这是万寿寺的又一道亮丽风景，于我国寺庙而言，可谓独具特色。

皇家寺院

御赐美名的著名古刹

阅读链接

传说，为讨慈禧太后欢心，大太监李莲英特意命人制作了一个面似慈禧的观音像，赶在慈禧太后的60岁"万寿庆典"前，悄悄放在了万寿寺大雄宝殿如来佛的背后。

"万寿庆典"这天，慈禧太后在大雄宝殿一番叩拜之后，突见如来佛后面凭空多出一尊观音像，而且其神情与自己几乎难分彼此，大为惊异，问道：

"李莲英，这佛为啥见我直笑呀？"

李莲英便故作惊诧地躬身言道："启禀太后，这就叫佛见佛笑啊！"

答毕，李莲英趁机高呼："恭请老佛爷圣安！"

大殿内外百官也一齐高呼："祝老佛爷万寿无疆！"

自此，"老佛爷"便成了慈禧太后的代称。